Guide

DES CONTRIBUABLES

de la Garantie,

Contenant des instructions détaillées sur les formalités administratives imposées aux orfèvres, joailliers, bijoutiers, horlogers et autres assujettis ;

Ces instructions sont précédées par diverses lois, ordonnances et décisions sur cette matière, et suivies d'un recueil de calculs, tables d'alliages, comptes faits et renseignemens sur le commerce des ouvrages et matières d'or et d'argent ;

Orné de deux tableaux litographiés des POINÇONS et CONTREMARQUES, avec indication des signes distinctifs de chaque bureau de garantie, et une instruction pour faciliter la connaissance des marques ;

Par Hilaire Lourdel,

Contrôleur de la garantie à Bordeaux.

A BORDEAUX,

DE L'IMPRIMERIE DE SIMARD, RUE SAINT-REMY, N.º 48.

1825.

GUIDE

DES CONTRIBUABLES

DE LA GARANTIE.

CET OUVRAGE SE VEND :

A PARIS.............
{ Chez LECOINTE et DUREY, quai des Augustins, n.° 49.
Chez DELARUE, quai des Augustins, n.° 15.
DELAUNAY, Palais-Royal, galerie de bois, n.ºs 243 et 244.

A BORDEAUX.....
{ Chez L'AUTEUR, Bureau de garantie, à l'Hôtel-de-Ville.
JEAN FOULQUIER, marchand de papiers, rue Saint-Remy, N.° 48.

L'ouvrage que je présente au commerce est un résumé ou composé de tout ce que j'ai reconnu être d'une utilité journalière et indispensable à toutes les personnes qui fabriquent et vendent des ouvrages et matières d'or et d'argent.

Je ne crois pas devoir faire ici l'analyse et l'apologie des divers articles qui composent ce recueil; la table des matières remplira cet objet; mais je désire faire connaître les causes de sa publicité; car il est composé depuis plusieurs années sur des notes prises à la suite de renseignemens qui m'étaient demandés par des contribuables, et sans nulle intention de les publier.

Ce qui m'a déterminé à faire imprimer ce volume sur la garantie, c'est l'oubli, sans doute involontaire, des divers auteurs qui ont publié des ouvrages sur cette matière; de donner aux contribuables des instructions claires, précises et bien détaillées, sur les obligations respectives de chacun d'eux. Je n'ignore point que ces instructions se trouvent dans les divers articles des lois; mais je pense néanmoins que la majeure partie des orfèvres, bijoutiers, etc., n'ayant ni le temps, ni l'habitude nécessaires pour commenter et bien saisir l'esprit des lois ou ordonnances, il leur sera infailliblement utile et agréable de recevoir à cet égard tous les renseignemens dont ils peuvent avoir besoin, et c'est ce que je me propose de leur offrir.

La majeure partie des fabricans ou marchands d'ouvrages d'or et d'argent, autrement dit des assujétis, n'ont qu'une connaissance très-imparfaite des obligations qui leur sont imposées par les lois, bien qu'ils aient ou qu'ils doivent avoir un extrait de ces mêmes lois, affiché dans leur attelier ou magasin. Il résulte de ce défaut de connaissance que le contribuable honnête et de bonne foi, qui ne pèche que par ignorance des formes administratives, peut être traduit devant les tribunaux comme celui qui fraude par habitude et par spéculation.

Depuis une quinzaine d'années que je suis attaché à un bureau de garantie de premier ordre, je me suis convaincu que les neuf dixièmes des procès-verbaux sur cette matière portaient sur des négligences ou des contraventions à des formalités, et non sur des fraudes réelles et préméditées. Alors les parties saisies se plaignent, invoquent leur moralité, crient à l'injustice et à l'arbitraire; et ils ont tort, par la raison bien simple que la loi ou le législateur qui impose à tel commerçant des obligations plus ou moins multipliées, ne connaît point et ne doit point connaître les individus; elle règle, dans l'intérêt public, les formalités qu'il convient d'imposer à telle branche de commerce, et en même temps, elle détermine la punition à infliger aux contrevenans; mais elle n'est susceptible d'aucunes modifications autres que celles contenues dans ses divers articles. La même peine serait prononcée contre le bijoutier le plus avantageusement connu, trouvé possesseur d'ouvrages en contravention, et contre le plus hardi fraudeur saisi pour le même cas.

La moralité des contribuables ne peut être de quelque poids que dans l'esprit des employés; il serait à désirer que ceux-ci fussent toujours bien pénétrés de l'importante mission qui leur est confiée, et ne perdissent jamais de vue qu'ils sont chargés en même temps de surveiller le commerce et de le protéger. Il serait également à désirer que les contribuables et les employés eussent une connaissance bien exacte de l'esprit conservateur qui a présidé à l'institution des bureaux de garantie, l'un et l'autre feraient alors leur devoir, et si, d'une part, le commerce trouvait dans sa prospérité une récompense de sa soumission aux lois, l'administration se glorifierait avec raison d'être l'auteur de ces heureux résultats.

Les bureaux de garantie ont été créés pour maintenir à une branche essentielle de l'industrie Française, la confiance qui lui est acquise depuis des siècles, et la préférence qu'on lui accorde dans toutes les parties du monde; ces avantages sont les résultats incontestables de l'exactitude et de l'invariabilité du titre de nos ouvrages d'orfévrerie et de bijouterie, et les poinçons de titre et de garantie dont ils sont revêtus sont des espèces de certificats authentiques qui attestent la sollicitude de l'Administration, et qui servent de passeports à ces mêmes ouvrages, pour être admis et achetés par les étrangers avec la plus entière confiance.

Les droits de garantie imposés sur les objets d'or et d'argent fabriqués en France, servent uniquement à couvrir les frais d'administration, et l'on serait dans une bien grande erreur si l'on considérait les employés de la garantie comme des agens du fisc qui s'occupent spécialement de faire rentrer les revenus du trésor. M. le Directeur général des contributions indirectes s'exprime ainsi sur ce point, dans sa circulaire n.º 58, du 8 Octobre 1822, page 15.

« On se ferait une fausse idée du droit de garantie, si on ne le considérait que sous le
» rapport des produits ; l'intérêt le plus puissant et le plus général est d'empêcher que
» la confiance due à la vérité de la marque ne soit altérée.

» Les employés doivent se considérer comme les dépositaires de la confiance ; mais
» ils ne doivent pas perdre de vue que ceux qui se livrent au commerce d'ouvrages d'or
» et d'argent, sont, par la nature de l'objet de leurs spéculations, des redevables d'une
» classe particulière pour lesquels les employés doivent avoir les plus grands égards dans
» leurs relations ».

Il résulte de ces observations que si les contribuables et les employés de la garantie étaient bien pénétrés de leurs devoirs et de leurs obligations respectifs, ils reconnaîtraient qu'ils ont réciproquement des droits à l'estime les uns des autres, l'employé comme le surveillant actif dont les soins constans ont pour but la prospérité du commerce confié à sa surveillance, et le contribuable, parce que la nature et l'importance de son commerce le placent dans une position recommandable.

L'employé, connaissant bien ses devoirs, réprimerait la fraude avec justice et impartialité et mettrait tous ses soins à discerner l'assujéti honnête et de bonne foi, mais négligeant ou ignorant les obligations de son état, d'avec celui qui est réellement fripon par cupidité et fraudeur par spéculation ; il proportionnerait, par conséquent, la sévérité administrative sur la moralité des contrevenans, en ramenant l'un par la douceur et la persuasion, et en corrigeant l'autre judiciairement.

Le contribuable enfin qui sentirait bien tous les avantages moraux de sa position commerciale, devrait regarder comme devoirs sacrés les obligations qui lui sont imposées dans ses intérêts, par les lois sur la garantie, et il rejetterait avec mépris tous bénéfices illicites qui pourraient devenir pour lui une source de chagrins.

J'oserais affirmer que tous les assujétis suivraient mes conseils s'ils voulaient faire dans leur esprit un rapprochement de la position respective du contribuable fidèle et du contribuable fraudeur. — L'un, pour acquérir l'estime et la considération de ses concitoyens, observe religieusement les obligations de son état, et ne fait rien qui puisse lui faire perdre l'estime de soi-même ; il marche dans une existence paisible et honorable d'un pas mesuré, quelquefois lent, mais toujours moralement tranquille, vers un bien être qui sera d'autant plus solide et durable qu'il aura pour se conserver le même moteur qui l'aura établi.

L'autre, poussé par cette misérable cupidité qui ne fait désirer avec ardeur une fortune immodérée que pour pouvoir satisfaire des goûts ou des passions plus immodérées encore ; cet autre, dis-je, jette dédaigneusement de côté tout ce qui peut entraver ses desseins ambitieux ; il ne veut voir et écouter que ce qui flatte ses espérances ; fabriquer ou vendre des ouvrages dont le titre est fraudé, faire usage de faux poinçons, compromettre la tranquillité et la fortune de ses commettans, ce sont à ses yeux des bagatelles qui ne l'arrêtent point. Méfiant, craintif et soupçonneux, toute figure étrangère qui se présente à lui est à ses yeux un émissaire de l'autorité qui cherche à pénétrer ses secrets pour les dévoiler. Le coup que l'on frappe à sa porte retentit jusqu'au fond de son cœur, par la crainte bien fondée d'une visite importune ; tout, enfin, est pour lui un sujet continuel d'inquiétude et de tourment, et rien pourtant n'arrêtera son ambition démesurée d'arriver à la fortune, que la fortune elle-même, qui très-probablement après l'avoir caressé plus ou moins long-temps et l'avoir peut-être même conduit jusqu'aux portes de son temple, prendra plaisir à le précipiter jusqu'aux degrés les plus éloignés de son empire.

Je m'apperçois, un peu tard peut-être, que mes observations ressemblent plutôt à un cours de morale qu'à l'annonce d'un ouvrage sur les matières d'or et d'argent ; n'importe, je laisse subsister mes remontrances dans l'espoir qu'elles seront utiles, et je m'estimerais bien heureux si la petite disgression que je viens de faire pouvait convertir et ramener à leurs devoirs ceux qui seraient disposés à s'en écarter.

Je reviens à mon ouvrage, et je déclare de nouveau que les contribuables y trouveront tout ce qui peut leur être utile soit pour se conformer aux lois sur la garantie, soit pour les calculs ou alliages de matières. Je me suis particulièrement attaché à éviter tout ce qui aurait pu grossir inutilement ce volume, et enfin, comme cet ouvrage est particulièrement destiné pour une classe de personnes parmi lesquelles il s'en trouve, sans doute, de très-instruites et qui n'ont aucunement besoin de mes conseils, mais qui en compte un plus grand nombre qui, donnant tout leur temps à la fabrication ou au commerce, n'ont point le loisir de s'occuper beaucoup de tous ces détails qu'ils ont néanmoins un besoin indispensable de connaître, j'ai mis toute mon attention à les réunir et les placer dans un cadre aussi étroit que possible. L'accueil que mon ouvrage recevra me fera connaître si je me suis convenablement acquitté de la tâche que je me suis imposée.

Gros Poinçons, Contre marques

distinctions.		Poinçons généraux.		Poinçons Étrangers.	
générales	particulières	Paris.	départem.ᵗ	Paris.	départem.ᵗ
Titres de l'or	1er				
	2e				
	3e				
Titres de l'argent	1er				
	2e				
Garantie or	grosse				
	petite				
Garantie d'argent	grosse				
	moyenne				
	petite				
Recense	Gros				
	Petit				

Horlogerie.

Or — P   Argent.

Contre - Marques.

Grosses.	Petites.

Petits Poinçons de départemens.

Lille	57	A	Rouen	73	B
Valenciennes	5	C	Le Havre	73	N
Dunkerque	5	D	Beauvais	58	T
Arras	6	E	Evreux	55	V
St Omer	60	H	Chartres	40	X
Amiens	73	J	Versailles	7	Y
Laon	2	M	Melun		+

Mézières	7	A	Lunéville	52	B
Verdun	52	C	Epinal	83	N
Bar le Duc	33	D	Châlons	70	T
Metz	55	E	Reims		V
Strasbourg	55	H	Chaumont	62	X
Nancy	52	J	Langres	52	Y
Pont à Mousson	52	M	Troyes	9	+

Colmar	66	A	Dijon	79	J
Vesoul	55	C	Mâcon	69	M
Besançon	25	H	Trévoux		8
Montbéliard	23	E	Grenoble		N
Lons le Saunier	57	H	Lyon	6	T

Toulon	78	A	Avignon	70	B
Grasse	18	C	Digne	4	N
Marseille	2	D	Gap	6	T
Aix	12	E	Valence	24	V
Arles	12	H	Privas	6	X
Nîmes	56	J	Le Puy	41	Y
Alais	28	M	St Etienne	90	+

Perpignan	64	A	Mende	40	J
Carcassonne	11	C	Orbecs	44	M
Montpellier	52	D	Aurillac	13	B
Castres	76	E	Tulle	18	N
Rhodez	11	H			

Foix	8	A	Auch	36	M
Toulouse	29	C	Montauban	7	B
Tarbes	63	D	Agen	45	N
Pau	62	E	Bordeaux	31	T
Bayonne	62	H	Périgueux	22	V
Mt de Marsan	38	J			

Angoulême	15	A	Bressuire	80	J
La Rochelle	16	C	Niort	74	M
Saintes	15	D	Nantes	42	B
Limoges	22	E	Angers	47	N
Poitiers	9	H	Tours	55	T

Blois	37	A	Le Mans	70	M
Vannes	74	C	Alençon	55	B
St Brieux	20	D	St Lô	48	N
Rennes	33	E	Valognes	48	T
St Malo	33	H	Caen	13	V
Laval	51	J			

Clermont	61	A	Bourges	17	J
Guéret	21	C	Nevers	56	M
Moulins	3	D	Auxerre	14	N
Châteauroux	34	E	Sens	84	T
Blois	30	H	Orléans	23	B

GUIDE DES CONTRIBUABLES
DE LA GARANTIE.

LOI du 19 Brumaire an 6 (9 Novembre 1797).

Articles principaux relatifs aux fabricans et marchands de matières et ouvrages d'or et d'argent.

ARTICLE 1.er Tous les ouvrages d'orfévrerie et de bijouterie fabriqués en France, doivent être conformes aux titres prescrits par la Loi, respectivement suivant leur nature.

ART. 4. Il y a trois titres légaux pour les ouvrages d'or et deux pour les ouvrages d'argent; savoir :

OR.......... { Premier titre 920 millièmes (ou 22 karats $\frac{22}{34}$ et $\frac{1}{4}$ environ).
{ Second d.° 840 millièmes (ou 20 karats $\frac{5}{34}$ et $\frac{2}{3}$ environ).
{ Troisième d.° 750 millièmes (ou 18 karats).

ARGENT... { Premier titre 750 millièmes ou 11 deniers 9 grains $\frac{7}{10}$.
{ Second d.° 800 millièmes ou 9 deniers 14 grains $\frac{2}{5}$.

ART. 5. La tolérance des titres pour l'or est de trois millièmes ; celle des titres pour l'argent est de cinq millièmes.

ART. 6. Les fabricans peuvent employer à leur gré l'un des titres mentionnés en l'article 4, respectivement pour les ouvrages d'or et d'argent, quelle que soit la grosseur ou l'espèce des pièces fabriquées.

ART. 9. Le poinçon du fabricant porte la lettre initiale de son nom, avec un symbole; il peut être gravé par tel artiste qu'il lui plaît de choisir, en observant les formes et proportions établies par l'Administration des monnaies.

ART. 14. Le poinçon de chaque fabricant de doublé ou de plaqué a une forme particulière déterminée par l'Administration des monnaies. Le fabricant ajoute en outre, sur chacun de ses ouvrages, des chiffres indicatifs de la quantité d'or et d'argent qu'il contient.

ART. 19. Les fabricateurs de *faux poinçons* et ceux qui en feraient usage, seront condamnés à *dix* années de fers, et leurs ouvrages confisqués.

ART. 21. Il sera perçu un droit de garantie sur les ouvrages d'or et d'argent de toutes sortes fabriqués à neuf.

Ce droit sera de 20 francs par hectogramme (3 onces 2 gros 12 grains) d'or, et d'un franc par hectogramme d'argent, non compris les frais d'essai et de touchau.

ART. 25. Lorsque les ouvrages neufs d'or et d'argent fabriqués en France et ayant acquitté les droits, sortiront de France comme vendus, ou pour l'être à l'étranger, les droits de garantie seront restitués au fabricant, sauf la retenue d'un tiers.

ART. 26. Cette restitution sera faite par le bureau de garantie qui aura perçu les droits sur lesdits ouvrages, ou, à défaut de fonds, par une traite sur le bureau de garantie de Paris. Cette restitution n'aura lieu cependant que sur la présentation d'un certificat de l'Administration des domaines muni de son sceau particulier et qui constate la sortie de France desdits ouvrages.

Ce certificat devra être rapporté dans le délai de trois mois.

ART. 28. Les ouvrages déposés au Mont-de-Piété et dans les autres établissemens destinés à des ventes ou à des dépôts de ventes, seront assujettis à payer les droits de garantie, lorsqu'ils ne les auront pas acquittés avant le dépôt.

ART. 48. L'essayeur ne recevra les ouvrages d'or et d'argent qui lui seront présentés pour être essayés et titrés, que lorsqu'ils auront l'empreinte du poinçon de fabricant et qu'ils seront assez avancés pour qu'en les finissant ils n'éprouvent aucune altération.

ART. 49. Les ouvrages provenant de différentes fontes devront être envoyés au Bureau de garantie dans des sacs séparés, et l'essayeur en fera l'essai séparément.

ART. 57. Lorsque le titre d'un ouvrage d'or ou d'argent sera trouvé inférieur au plus bas des titres prescrits par la Loi, il pourra être procédé à un second essai, mais seulement sur la demande du propriétaire.

Si le second essai est confirmatif du premier, le propriétaire payera le double essai, et l'ouvrage lui sera remis après avoir été rompu en sa présence.

Si le premier essai est infirmé par le second, le propriétaire n'aura qu'un seul essai à payer.

ART. 58. En cas de contestation sur le titre, il sera fait une prise d'essai sur l'ouvrage, pour être envoyée, sous les cachets du fabricant et de l'essayeur, à l'Administration des monnaies, qui la fera essayer dans son laboratoire, en présence de l'inspecteur des essais.

ART. 62. Le prix d'un essai d'or, de doré et d'or tenant argent, est fixé à trois francs; celui d'argent à 80 centimes (seize sous).

ART. 63. Dans tous les cas, les cornets et boutons d'essais seront remis au propriétaire de la pièce.

ART. 64. L'essai des menus ouvrages d'or à la pierre de touche sera payé neuf centimes par décagramme (deux gros, quarante-quatre grains et demi environ) d'or.

ART. 65. Si l'essayeur soupçonne aucun ouvrage d'or, d'argent ou de vermeil, d'être fourré de fer, de cuivre ou de toute autre matière étrangère, il le fera couper en présence du propriétaire. Si la fraude est reconnue, l'ouvrage sera saisi et confisqué, et le délinquant sera dénoncé aux tribunaux et condamné à une amende de vingt fois la valeur de l'objet.

Mais, dans le cas contraire, le dommage sera payé sur-le-champ au propriétaire, et passé en dépense comme frais d'administration.

ART. 72. Les anciens fabricans d'ouvrages d'or et d'argent, et ceux qui voudront exercer cette profession, seront tenus de se faire connaître à l'administration de département et à la municipalité du canton où ils résident, et de faire insculper dans ces deux administrations leur poinçon particulier, avec leur nom, sur une planche de cuivre, à ce destinée. L'administration de département veillera à ce que le même symbole ne soit pas employé par deux fabricans de son arrondissement.

ART. 73. Quiconque se borne au commerce d'orfévrerie, sans entreprendre la fabrication, n'est tenu que de faire sa déclaration à la municipalité de son canton, et est dispensé d'avoir un poinçon.

Art. 74. Les fabricans et marchands d'or et d'argent, ouvré ou non ouvré, auront, un mois au plus tard après la publication de la présente loi, un registre coté et paraphé par l'administration municipale, sur lequel ils inscriront la nature, le nombre, le poids et le titre des matières d'or et d'argent, qu'ils achèteront ou vendront, avec les noms et demeures de ceux de qui ils les auront achetés.

Art. 75. Ils ne pourront acheter que de personnes connues, ou ayant des répondans à eux connus.

Art. 76. Ils seront tenus de présenter leurs registres à l'autorité publique, toutes les fois qu'ils en seront requis.

Art. 77. Ils porteront au bureau de garantie, dans l'arrondissement duquel ils sont placés, leurs ouvrages pour y être essayés, titrés et marqués, ou, s'il y a lieu, être simplement revêtus de l'une des empreintes des poinçons prescrits à la 2ᵐᵉ. section du titre 1ᵉʳ.

Art. 78. Ils mettront dans le lieu le plus apparent de leur magasin ou boutique un tableau énonçant les articles de la présente loi, relatifs au titre et à la vente des ouvrages d'or et d'argent.

Art. 79. Ils remettront aux acheteurs des bordereaux énonciatifs de l'espèce, du titre et du poids des ouvrages qu'ils leur auront vendus, en désignant si ce sont des ouvrages neufs ou vieux.

Art. 80. Les contrevenans à l'une des dispositions prescrites dans les huit articles précédens seront condamnés, pour la première fois, à une amende de deux cents francs; pour la seconde fois, à une amende de cinq cents francs, avec affiches, à leurs frais, de la condamnation; la troisième fois, l'amende sera de mille francs, et le commerce de l'orfévrerie leur sera interdit, sous peine de confiscation de tous les objets de leur commerce.

Art. 81. Les articles 73, 74, 75, 76, 78, 79 et 80 sont applicables aux fabricans et marchands de galons, tissus, broderies, ou autres ouvrages en fil d'or ou d'argent.

Ceux qui vendraient pour fins des ouvrages en or ou argent faux encourront, outre la restitution de droit à celui qu'ils auraient trompé, une amende de deux cents francs pour la première fois; de quatre cents francs pour la seconde fois, avec affiches de la condamnation, aux frais du délinquant, dans tout le département, avec interdiction de tout commerce d'or et d'argent.

Art. 89. Il est aussi interdit aux joailliers de mêler, dans les mêmes ouvrages, des pierres fausses avec les fines, sans le déclarer aux acheteurs, à peine de restituer la valeur qu'auraient eue les pierres si elles avaient été fines, et de payer en outre une amende de trois cents fr. L'amende sera triple la seconde fois, et la condamnation affichée dans tout le département, aux frais du délinquant. La troisième fois, il sera déclaré incapable d'exercer la joaillerie, et les effets composant son magasin seront confisqués.

Art. 90. Lorsqu'un orfévre mourra, son poinçon sera remis, dans l'espace de cinquante jours après le décès, au bureau de garantie de son arrondissement, pour y être biffé de suite.

Pendant ce temps, le dépositaire du poinçon sera responsable de l'usage qui en sera fait, comme le sont les fabricans en exercice.

Art. 91. Si un orfévre ou fabricant quitte le commerce, il remettra son poinçon au bureau de garantie de l'arrondissement, pour y être biffé devant lui. S'il veut s'absenter pour plus de six mois, il déposera son poinçon au bureau de garantie, et le contrôleur fera poinçonner les ouvrages fabriqués chez lui en son absence.

ART. 92. Les marchands d'ouvrages d'or et d'argent, ambulans ou venant s'établir en foire, sont tenus, à leur arrivée dans une commune, de se présenter à l'administration municipale ou à l'agent de cette administration dans les lieux où elle ne réside pas, et de lui montrer les bordereaux des orfèvres qui leur auront vendu les ouvrages d'or et d'argent, dont ils sont porteurs.

ART. 93. La municipalité ou l'agent municipal fera examiner les marques de ces ouvrages par des orfèvres, ou, à défaut, par des personnes connaissant les marques et poinçons, afin d'en constater la légitimité.

ART. 95. Quiconque veut plaquer ou doubler l'or et l'argent sur le cuivre, ou sur tout autre métal, est tenu d'en faire la déclaration à sa municipalité, à l'administration de son département et à celle des monnaies.

ART. 96. Il peut employer l'or et l'argent dans telle proportion qu'il le juge convenable.

ART. 97. Il est tenu de mettre, sur chacun de ses ouvrages, son poinçon particulier qui a dû être déterminé par l'administration des monnaies, ainsi qu'il est dit article 14 de la présente loi. Il ajoutera à l'empreinte de ce poinçon celle des chiffres indicatifs de la quantité d'or ou d'argent, contenue dans l'ouvrage, sur lequel il sera en outre empreint, en toutes lettres, le mot *doublé*.

ART. 100. Le fabricant de doublé est assujéti, comme le marchand-orfèvre, à n'acheter des matières ou ouvrages d'or et d'argent que de personnes connues ou ayant des répondans à eux connus.

ART. 107. Tout ouvrage achevé et non marqué, trouvé chez un marchand ou fabricant, sera saisi et donnera lieu aux poursuites pardevant le tribunal de police correctionnelle. Les propriétaires des objets saisis encourront la confiscation de ces objets, et en outre les autres peines portées par la loi.

ART. 108. Seront saisis également et confisqués tous les ouvrages d'or et d'argent, sur lesquels les marques des poinçons se trouveront entées, soudées ou contretirées en quelque manière que ce soit, et le possesseur avec connaissance sera condamné à six années de fers.

ART. 109. Les ouvrages marqués de faux poinçons seront confisqués dans tous les cas, et ceux qui les garderaient ou les exposeraient en vente avec connaissance, seront condamnés, la première fois, à une amende de deux cents francs ; la deuxième, à une amende de quatre cents francs, avec affiches de la condamnation, dans tout le département, aux frais du délinquant, et, la troisième fois, à une amende de mille francs, avec interdiction de tout commerce d'or ou d'argent.

ART. 110. Tous citoyens autres que les préposés à l'application des poinçons légaux, qui en emploieraient même de véritables, seront condamnés à un an de détention.

ARRÊTÉ DU 17 NIVOSE, AN 6 (6 JANVIER 1798),

Qui détermine la forme des poinçons de fabricans.

1°. Le poinçon de chaque fabricant d'ouvrages d'or et d'argent, dans toute l'étendue de la France, sera invariablement formé en losange.

2°. Les proportions de ce poinçon seront établis par le fabricant, en raison du genre d'ouvrages qu'il fabrique.

3°. La forme du poinçon de chaque fabricant de doublé ou de plaqué sera un carré parfait. □

L'administration fera observer à chaque fabricant de doublé ou de plaqué, que, conformément à la loi précitée, il doit ajouter, sur chacun de ses ouvrages, des chiffres indicatifs de la quantité d'or et d'argent qu'il contient, et qu'au symbole de son poinçon particulier doit être joint le mot *doublé*.

Le présent arrêté sera transmis aux administrations centrales de département, pour être communiqué aux fabricans d'ouvrages d'or et d'argent.

ARRÊTÉ DU 1ᵉʳ. MESSIDOR, AN 6 (19 JANVIER 1798).

Désignation des ouvrages de joaillerie en or et argent, qui sont dispensés de l'essai et du paiement des droits de garantie.

Article Iᵉʳ. Les ouvrages de joaillerie, dont la monture est très-légère, et contient des pierres ou perles fines ou fausses, des cristaux, dont la surface est entièrement émaillée, ou enfin qui ne pourraient supporter l'empreinte des poinçons sans détérioration, continueront d'être seuls dispensés de l'essai et du paiement du droit de garantie, qui a remplacé celui de contrôle et de marque des ouvrages d'or et d'argent.

Art. 2. Tous les autres ouvrages de joaillerie et d'orfévrerie, sans distinction ni exception, auxquels seraient adaptés, en quelque nombre que ce soit, des pierres ou des perles fines ou fausses, des cristaux, ou qui seraient émaillés, seront sujets à l'essai et au paiement du droit dont il s'agit, ainsi qu'il est prescrit par la loi précitée.

Art. 3. Le ministre des finances et celui de la police générale sont chargés de l'exécution du présent arrêté qui sera inséré au bulletin des lois.

ORDONNANCE DU ROI, DU 19 SEPTEMBRE 1821 ,

Relative à l'horlogerie.

Article Iᵉʳ. Les boîtes de montres d'or et d'argent, neuves, et autres ouvrages neufs, contenant ou destinés à contenir des mouvemens de montre, marqués des poinçons en usage, antérieurement à notre ordonnance du 5 mai 1819, et non revêtus des poinçons de recense et de contremarque, prescrits par ladite ordonnance, seront considérés et traités comme ouvrages finis et non marqués, même dans le cas où ils seraient présentés aux bureaux de garantie.

La présente disposition n'aura d'effet que dans un mois, à compter de la date de la présente ordonnance. En conséquence, pendant cet intervalle, les boîtes de montres d'or et d'argent, neuves, et autres ouvrages désignés ci-dessus, marqués d'anciens poinçons et non recensés, pourront être présentés dans les bureaux, pour y être essayés et marqués s'il y a lieu, en payant les droits.

Les boîtes de montres d'or et d'argent, et autres ouvrages désignés ci-dessus, dits *de hasard* et appartenant à des particuliers, qui rentreront dans le commerce après les délais ci-dessus ou qui seront donnés au raccommodage, continueront d'être traités comme il est prescrit par les articles 14, 16 et 17 de la déclaration du Roi, du 26 Janvier 1749, lesquels seront réimprimés à la suite de la présente ordonnance.

Art. 2. Il sera fabriqué un poinçon spécial pour les boîtes de montres et autres ouvrages d'horlogerie, en or, et un différent pour les boîtes de montre et autres ouvrages d'horlogerie, en argent. Ces poinçons porteront l'empreinte dont le dessin est annexé à la minute de la présente ordonnance. L'époque, à laquelle il en sera fait usage, ainsi que le délai pour la recense gratuite des montres et ouvrages d'horlogerie, qui sont marqués des poinçons servant actuellement à la garantie des ouvrages d'or et d'argent, de tous genres, et des poinçons de la dernière recense, seront déterminés par un arrêté de notre Ministre d'état des finances.

Les poinçons spéciaux ci-dessus serviront pour la recense gratuite des boîtes de montres et autres ouvrages d'horlogerie.

ARRÊTÉ DU 6 MARS 1822.

Époque de la mise en usage des poinçons spéciaux pour l'horlogerie.

DÉLAI ACCORDÉ POUR LA RECENSE GRATUITE.

L'usage des poinçons spéciaux pour l'horlogerie commencera le 1.er Avril 1822 dans toute l'étendue du royaume.

La recense gratuite des ouvrages d'horlogerie commencera ledit jour 1.er Avril, et finira le 1.er Mai suivant.

DÉCLARATION DU ROI, DU 26 JANVIER 1749.

Article 14. Enjoignons à tous orfévres, joailliers, fourbisseurs, merciers, graveurs et autres, travaillant et trafiquant des ouvrages d'or et d'argent, de tenir des registres cotés et paraphés par l'un des officiers de l'élection, dans lesquels ils enregistreront jour par jour, par poids et espèce, la vaisselle et autres ouvrages vieux ou réputés vieux, suivant l'article 3, qu'ils achéteront pour leur compte ou pour les revendre; ceux qui leur seront portés pour les raccommoder ou donnés en nantissement pour modèle au dépôt, ou sous quelque autre prétexte que ce puisse être, et ce à l'instant que lesdits ouvrages leur auront été apportés ou qu'ils les auront achetés. Seront aussi tenus de faire mention, dans lesdits enregistremens, de la nature et qualité des ouvrages, et des armes qui y sont gravées, des noms et demeures des personnes à qui ils appartiennent, sans qu'ils puissent travailler auxdits ouvrages, qui leur auraient été apportés pour les raccommoder, qu'ils ne les aient portés sur leurs registres, le tout à peine de confiscation et de trois cents francs d'amende.

Art. 16. Seront tenus lesdits orfèvres et autres de rayer sur leurs registres les ouvrages qui y auraient été portés en exécution de l'article 14, à mesure qu'ils les rendront, et, s'ils ne rendaient pas en même temps tous ceux contenus dans un seul article, ils feront mention, à la marge, des pièces qu'ils auront rendues, par espèce, poids et qualité, et représenteront aux commis du fermier, lors de leurs visites, le surplus des pièces restant entre leurs mains, ou indiqueront les ouvriers auxquels ils les auront données pour les raccommoder, le tout à peine de cent livres d'amende.

Art. 17. Lesdits orfèvres et autres, travaillant et trafiquant des ouvrages d'or et d'argent, seront tenus de faire marquer et de payer les droits des ouvrages qu'ils achèteront pour leur compte, soit pour les revendre, soit pour leur usage particulier, et ce dans les vingt-quatre heures après qu'ils auront porté lesdits ouvrages sur leurs registres, ainsi qu'il est prescrit ci-dessus. A l'égard des ouvrages qu'ils auront achetés et qui ne seront pas en état d'être vendus, ou qu'ils ne voudraient pas vendre ou prendre pour leur compte, ils seront tenus de les rompre et briser dans l'instant, en sorte que lesdits ouvrages soient hors d'état de servir à aucun usage, le tout à peine de confiscation et de 300 liv. d'amende.

OBSERVATIONS

Sur l'ordonnance du 19 septembre et sur les trois articles de la déclaration de 1749.

Les dispositions administratives, contenues dans l'ordonnance du 19 septembre et dans la déclaration de 1749, ont pour but de protéger les fabriques d'horlogerie française, en frappant d'une prohibition très-sévère et même en poursuivant après leur introduction les montres de fabriques étrangères.

En effet, d'après l'ordonnance ci-dessus, une montre confectionnée en France ne peut pas ou du moins ne doit pas se trouver dans le commerce dépourvue des marques légales, puisque le fabricant devait présenter à l'essai et au contrôle la boîte brute et simplement dégrossie, où elle ne peut être admise que dans cet état.

Il résulte de cette mesure que toutes les montres *neuves*, qui se trouvent dans le commerce dépourvues de marques, sont considérées comme étrangères, et doivent être saisies partout, même aux bureaux de garantie, si on les y présentait.

Ici se présentent plusieurs questions, qui sont une conséquence de la sévérité apparente de l'ordonnance : par exemple, si, par une circonstance quelconque et imprévue, un bijoutier ou horloger devenait possesseur d'une montre neuve, non marquée, que doit-il en faire ?

S'il se présente au bureau pour la faire régulariser, on la saisira ;

Si on la trouve chez lui, on la saisira également ;

S'il la vend sans marques, il fraude les droits du gouvernement et s'expose à beaucoup de désagrémens.

D'un autre côté, comment déterminer positivement qu'une montre a été fabriquée à Genève ou en France? et comment établir formellement qu'une montre est neuve?

On pourrait répondre à la première question que les horlogers, qui font confectionner des boîtes de montre, doivent tenir la main à ce qu'elles soient présentées au contrôle avant d'être finies, et que ceux qui ne font point *confectionner* et qui font venir des fabriques les articles d'horlogerie, dont ils ont besoin, doivent veiller à ce que les montres qu'on leur expédie soient régulièrement poinçonnées et exiger des bordereaux de vente.

Mais, quant aux deux dernières questions, le contribuable seul, à qui elles seraient adressées, peut avoir dans ses mains les preuves évidentes de l'origine et de l'état de tous les objets de son commerce, et il ne doit avoir de craintes que pour les montrer réellement neuves et dépourvues des marques légales.

Le troisième paragraphe de l'article premier de l'ordonnance a prévenu toutes les objections. Il est ainsi conçu : « Les boîtes de montres, d'or et d'argent, et autres ouvrages » désignés ci-dessus, dits *de hasard*, appartenant à des particuliers, et qui rentreront dans » le commerce après les délais ci-dessus, ou qui seront donnés au raccommodage, *conti-* » *nueront* d'être traités comme il est prescrit par les articles 14, 16 et 17 de la déclaration » du roi, du 26 Janvier 1749 ». C'est-à-dire que tout horloger ou bijoutier, ou autres commerçans soumis à la surveillance de la garantie, qui achète une ou plusieurs montres d'or ou d'argent, de hasard, dépourvues de marques, doit les enregistrer l'instant même de l'achat, en ayant soin de relater le nom et la demeure du vendeur, et les soumettre au contrôle dans les vingt-quatre heures qui suivront l'acquisition, en justifiant, par la présentation de leurs registres, de l'état et de l'origine de ces objets. (Art. 17 de l'ordonnance de 1749.)

L'ordonnance ayant pour but de protéger nos fabriques d'horlogerie, il est sensible que la sévérité de ses dispositions ne doit peser que sur les montres neuves, et, ces marchandises ne pouvant être achetées que dans les fabriques, les horlogers doivent veiller avec soin à ce que les montres qu'on leur envoie soient revêtues des poinçons spéciaux et, au besoin même, renvoyer celles qui ne seraient point marquées.

Mais les montres de hasard peuvent, aux termes de l'ordonnance, être présentées au contrôle comme par le passé, en justifiant, par le registre, qu'elles ont été achetées dans les vingt=quatre heures de la présentation.

OBLIGATIONS IMPOSÉES PAR LES LOIS ET ARRÊTÉS

Aux divers contribuables de la Garantie.

FABRICANS.

Tout particulier, qui fait sa profession de confectionner des ouvrages d'orfévrerie et de bijouterie, est rangé dans la classe des fabricans. Les ouvriers en chambre, qui ne travaillent point pour leur compte et qui ne font qu'exécuter les ordres ou les commandes des

marchands, sont également considérés comme fabricans (article 32 de la loi sur les paten-
tes), et assujétis, en cette qualité, aux obligations prescrites par la loi.

Quiconque veut se livrer à la fabrication d'ouvrages en or ou en argent doit préalablement faire sa déclaration à la préfecture ou à l'administration départementale, et faire connaître le symbole ou signe distinctif qu'il est dans l'intention d'adopter pour son poinçon,
afin de s'assurer que le même symbole n'a point déjà été choisi et adopté par un autre.
(Voyez article 72.) Il fera ensuite confectionner son poinçon de maître, qui devra avoir
la forme d'un losange ◊. Au centre sera gravé le symbole, et aux deux extrémités les
lettres initiales de ses nom et prénoms. (Article 9 de la loi. Arrêté du 17 nivose, an 7
(6 Janvier 1799), pages 1 et 9.)

Ces dispositions étant faites, le fabricant se transportera de nouveau à la préfecture,
où il fera insculper son poinçon sur une planche de cuivre, destinée à recevoir les noms
et l'empreinte des poinçons de tous les fabricans du département.

Il se transportera ensuite au bureau de garantie, où se trouve une planche de cuivre,
semblable à celle déposée à la préfecture, et fera faire les mêmes insculpations.

Il déclarera au contrôleur de la garantie qu'il est dans l'intention de se livrer à la fabrication des ouvrages d'orfévrerie ou de bijouterie, et fera connaître à ce fonctionnaire s s
nom et prénoms, ainsi que sa demeure.

Il se procurera un registre plus ou moins volumineux, selon l'importance de sa fabri-
brication; le fera timbrer, et le présentera à la Mairie de son arrondissement, pour le
faire coter et parapher. (Voyez article 74, page 5.)

Il se procurera encore un extrait de la loi, énonçant les articles relatifs aux titres et à
la vente des ouvrages d'or et d'argent. Dans le cas où il n'en trouverait point d'imprimés,
il pourrait faire copier les divers articles qui sont en tête de ce Recueil, et afficher cette
copie dans l'endroit le plus apparent de son atelier ou de sa boutique. (V. art. 78, page 5.)

Il inscrira sur son registre tous les ouvrages d'or ou d'argent, qu'il achètera, vendra,
ou qu'il recevra pour être raccommodés ou pour modèles. Cet enregistrement devra se
faire, autant que possible, à l'instant même de la réception de la vente ou de l'achat de
l'ouvrage. (Voyez page 13, article 17.)

On trouvera à la page 19 un modèle d'enregistrement, qui paraît propre à remplir,
d'une manière claire et précise, les dispositions de la loi. (Voyez page 19.)

Les fabricans ne doivent travailler l'or et l'argent qu'à l'un des titres indiqués par la loi
(voyez article 4, page première), et ils doivent également porter leurs ouvrages au bureau
de garantie avant d'être entièrement achevés, mais cependant assez avancés pour qu'en les
finissant l'empreinte du contrôle ne soit point effacée.

Ils doivent aussi appliquer leur poinçon de maître sur tous les ouvrages assez forts pour
le recevoir. Cette empreinte est une espèce de certificat qui atteste la bonne-foi du fabricant, la régularité du titre et celle du contrôle.

Je crois inutile de rappeler ici que l'or de couleur ou autres ornemens doivent être,
ainsi que les soudures, calculés de manière à ce que leur présence n'altère point le titre
des ouvrages. Les fabricans honnêtes n'ont pas besoin de mes conseils à cet égard, et les
autres ne voudraient pas les écouter.

Tous les ouvrages et même tous les objets d'or ou d'argent, soit neufs, soit de hasard,
et même à l'usage personnel du fabricant ou de son épouse, doivent être revêtus des poin-

çons prescrits par la loi. (Voyez article 107 de la loi, et article 17 de l'ordonnance de 1749, pages 8 et 14.)

Ils remettront aux acheteurs des bordereaux imprimés qui seront signés, et porteront la désignation, le poids et le titre des ouvrages vendus ; ces bordereaux leur seront fournis sans rétribution par le receveur du bureau de garantie. (Voyez article 79 de la loi, page 5.)

Les ouvrages qu'ils envoient au bureau de garantie doivent être accompagnés d'une note signée, indiquant la nature des ouvrages, le nombre des pièces, leur poids et leur titre présumé.

Le receveur du bureau doit rendre cette note au fabricant, en même temps que ses ouvrages, après avoir relaté au bas le montant des droits perçus.

Cette formalité est prescrite par la circulaire du 15 septembre 1813, N°. 24.

Les obligations imposées aux FABRICANS DE PLAQUÉ sont les mêmes que celles qui viennent d'être détaillées. Tous les ouvrages plaqués doivent être revêtus du poinçon de maître, dont la forme est déterminée par l'arrêté du 17 nivose, an 6 : un carré parfait. ☐ Ce poinçon doit, indépendamment du symbole adopté par le fabricant, porter gravé en toutes lettres le mot DOUBLÉ. Les ouvrages doivent également porter en chiffres l'indication de la quantité d'or ou d'argent fin qu'ils contiennent.

La loi ne détermine point les portions d'or ou d'argent, que l'on doit employer dans la fabrication du plaqué ; ceux qui se livrent à ce genre de travail sont libres d'employer ces métaux dans telles proportions qu'ils le jugent convenable, pourvu qu'ils aient soin, comme il est dit plus haut, de l'indiquer par des chiffres insculpés sur l'ouvrage.

MARCHANDS ORFÈVRES ET BIJOUTIERS.

Les personnes qui veulent se livrer au commerce d'ouvrages d'or et d'argent, sans entreprendre la fabrication, ne sont point tenues d'avoir un poinçon de maître ; leurs obligations se bornent à avoir un registre timbré, coté et paraphé, semblable à celui des fabricans, et à inscrire jour par jour les ouvrages qu'ils vendront ou achèteront. (Voyez le modèle d'enregistrement, page 19.)

Les marchands ne doivent acheter de vieux objets d'or ou d'argent qu'à des personnes connues ou recommandées.

Cette mesure d'ordre est dans l'intérêt public, et sur-tout dans celui du contribuable, à qui elle est prescrite ; elle a pour but de faciliter les recherches d'objets volés, et de préserver les marchands, qui s'en trouveraient nantis, de tous les soupçons injurieux qui pourraient être dirigés contre eux, si ces objets n'étaient point portés sur leurs registres. Les marchands peuvent donc éviter toute espèce de désagrément de cette nature, en inscrivant, à l'instant même de l'acquisition, les ouvrages qu'ils achètent, et le nom et la demeure de la personne qui les vend. (Voyez article 14 de l'ordonnance de 1749, page 15.)

Il est prescrit aux marchands, de même qu'à tous les contribuables de la garantie, d'avoir un extrait de la loi du 19 brumaire, an 6, affiché dans leur boutique ou magasin. A défaut d'imprimé, on peut, comme je l'ai déjà dit, en faire un à la main, en copiant les articles qui sont en tête de cet ouvrage.

Les marchands doivent encore, de même que les fabricans, délivrer aux acheteurs des bordereaux de vente, indicatifs de la nature du poids et du titre des ouvrages vendus. Ces bordereaux imprimés seront fournis, prêts à remplir, par le receveur du bureau de garantie, sans rétribution.

Les marchands doivent avoir soin d'exiger de pareils bordereaux de vente des fabricans qui travaillent pour eux ; ils doivent veiller avec non moins d'attention à ce que le poinçon de maître soit apposé sur les ouvrages qu'ils reçoivent des fabriques. Au moyen de ces précautions, ils conservent un recours en garantie, dans le cas où des ouvrages seraient reconnus fraudés, soit sous le rapport du titre, soit sous celui des contrôles.

Les marchands et autres contribuables de la garantie ne peuvent, dans aucun cas, se refuser à la vérification des marchandises qui se trouvent dans leurs boutiques ou magasins, et même aux recherches qui peuvent être faites dans leur domicile (*ce dernier cas n'a lieu que lorsque les employés ont de graves motifs de suspicion*), pourvu que la visite soit faite de jour et par deux employés assistés d'un commissaire de police ou d'un officier municipal.

Dans le cas où la visite serait faite par deux employés de la régie, autres que les préposés spéciaux de la garantie, l'un des deux employés exerçans devra avoir au moins le grade de receveur à cheval.

La présence d'un officier de police est, dans tous les cas, indispensable.

Tous les ouvrages d'or et d'argent, vieux ou neufs, exposés en vente ou en leur possession et même à leur usage personnel, doivent être revêtus des poinçons voulus par la loi. (Voyez article 107 de la loi, et article 17 de l'ordonnance de 1749, page 13.)

Lorsque les ouvrages de hasard, qu'ils achètent, ne sont point revêtus des poinçons en activité ou de la recense, ils doivent les présenter au bureau de garantie dans les vingt-quatre heures de l'achat, pour les faire essayer et poinçonner, et acquitter les droits. Les ouvrages dans le même cas, mais qui seraient destinés à être fondus à cause de leur mauvais état, devront être brisés à l'instant même de l'achat. (Voyez article 17 de l'ordonnance du roi, de 1749, page 13.)

MARCHANDS AMBULANS.

Les marchands de bijouterie en gros ou en détail, qui voyagent dans les départemens ou qui s'établissent dans les foires, sont placés sous la surveillance spéciale de la police municipale. Ils doivent, aussitôt leur arrivée dans une ville, se présenter à cette administration ou à son agent, et faire connaître le domicile qu'ils ont adopté et le genre de commerce qu'ils exercent.

Dans les chef-lieux de département, l'administration municipale se concerte avec le contrôleur de la garantie, et ce dernier procède aux vérifications des marchandises (en présence d'un officier de police et d'un employé) ; mais, dans les autres communes, l'agent municipal peut, aux termes de la loi, faire vérifier les ouvrages par un orfèvre du lieu, ou par toute autre personne connaissant les marques, et constater les contraventions sans le secours d'aucun employé. Les marchands ne peuvent, en aucune manière, refuser l'exhibition des bordereaux de vente, qu'ils ont reçus des fabricans, et celle de toutes leurs marchandises.

Les obligations qu'ils ont à remplir d'ailleurs sont les mêmes que celles des marchands en boutique ou magasin.

HORLOGERS.

Les horlogers sont assujétis, comme tous les autres marchands d'ouvrages d'or et d'argent, à tenir un registre coté et paraphé, et à inscrire jour par jour les montres et autres ouvrages d'or ou d'argent, qu'ils vendent, qu'ils achètent ou qu'ils reçoivent à raccommoder. (Voyez article 14, page 12.)

Quelques horlogers ont cru que, leur profession n'étant point nominativement désignée dans la loi, ils n'étaient point soumis aux obligations qu'elle impose : c'est une grande erreur basée sur un faux raisonnement. L'administration s'exprime ainsi à cet égard dans son instruction du 1er. Prairial, an 8 (21 Mai 1800) : « Si les horlogers pouvaient obtenir l'exception qu'ils réclament, il faudrait la rendre commune à tous ceux qui n'exercent pas nominativement la profession d'orfèvre, tels que les couteliers, arquebusiers, quincaillers etc. ; et les orfèvres eux-mêmes qui ne fabriquent pas, pour se soustraire à la surveillance, ne prendraient qu'une patente d'horloger. »

Du reste si l'article 74 de la loi et l'article 14 de l'ordonnance du 26 Janvier 1749 sont conçus dans l'intérêt public, puisqu'ils facilitent la recherche des objets volés, ces mêmes dispositions offrent aussi une protection aux contribuables qui doivent s'y conformer, et particulièrement les horlogers qui sont plus exposés que les autres marchands d'ouvrages d'or et d'argent à avoir besoin de se justifier par l'exhibition de leurs registres ; car il peut arriver tous les jours qu'une montre volée se trouvant entre les mains d'un individu recherché par la police cet individu, pour se débarrasser de cette pièce de conviction, la dépose chez un horloger, sous prétexte de la faire raccommoder. Ce dernier pourrait donc être sérieusement compromis, s'il ne pouvait justifier, par son registre, comment et par qui cette montre a été déposée dans sa boutique.

Les enregistremens se font de la même manière que ceux des marchands orfèvres et bijoutiers. (Voyez le modèle, page 19.) On doit avoir soin de désigner d'une manière précise et mentionner les numéros qui se trouvent gravés dans les fonds des boîtes ou sur la platine des mouvemens.

Les horlogers qui achètent des montres de hasard, en or ou en argent, doivent s'assurer qu'elles sont revêtues des poinçons spéciaux, prescrits par l'ordonnance du 19 Septembre 1821. Dans le cas contraire, ils doivent les présenter au bureau de garantie dans les vingt-quatre heures de l'achat et de l'enregistrement, pour les faire essayer, poinçonner, et acquitter les droits.

Les boîtes de montres neuves ne peuvent être présentées au bureau de garantie que par les fabricans ou MONTEURS DE BOÎTES. Ce genre de travail assujétit ceux qui l'exercent aux mêmes obligations et formalités que les fabricans d'orfévrerie ou de bijouterie.

Les boîtes de montre doivent être soumises à l'essai avant d'être finies ; elles doivent être revêtues, dans le fond, du poinçon de maître, et toutes les pièces de rapport doivent être présentées avec l'ouvrage principal.

D'après les dispositions de l'ordonnance du 19 septembre 1821, les montres neuves qui

se trouvent dans le commerce, non revêtues des poinçons spéciaux, doivent être considérées comme montres étrangères, et saisies par les employés de la garantie, même dans leur
bureau si elles y étaient présentées. (Voyez l'ordonnance du 19 Septembre 1821, page 11,
et les observations à la suite.)

MODÈLE D'ENREGISTREMENT.

Explication.

On divise la largeur du papier en cinq parties : la première contient les lettres initiales
des mots Ventes, Achats, Raccommodages, qui indiquent l'enregistrement de ces diverses opérations et facilitent la recherche; la seconde contient les dates des réceptions, des
ventes et des achats; la troisième porte les noms et demeures des personnes, à qui l'on
achète, et de celles qui apportent des raccommodages; la quatrième porte la désignation
des ouvrages autant détaillés que possible; enfin la cinquième contient le mot *rendu,* ou
seulement la lettre R pour les objets raccommodés, remis aux propriétaires. Cette petite
colonne est particulièrement nécessaire pour les horlogers.

Lettres	Dates	NOMS ET DEMEURES.	DÉSIGNATION DES OUVRAGES	Rendu
	Avril.	HORLOGERS.		
R	9	Mⁿ. Simon, *rue S^{te}. Catherine,* n° 90	Une montre à répétition, cadran en or, N°. 7430 sur la platine.	R
A	14	Bordin, *rue Saint-Seurin,* n° 15.	Une montre d'argent, à savonnette, N°. 4346 sur le fond de la boîte.	
R	18	Caurolle, *rue Michel-Lecomte.*	Une montre d'or, fond guilloché, cadran blanc, N°. 5430 sur la platine.	
	Mai.	FABRICANS ET MARCHANDS.		
A	4	Coutenceau, *rue Taranne,* n° 98.	Un couvert d'argent, à filets, marqué B. O., pesant 380 grammes.	
R	6	Mathieu, *rue du Mont-Blanc,* n° 15	Une épingle garnie de trois petits brillans, forme d'une croix.	
A	9	Richard, *rue Saint-Martin,* n° 80.	Un porte-huilier en argent estampé, colonne unie, pieds massifs.	
V	8	. . . .	Une bague unie, pesant 18 grains.	
A	19	Foucault, *bijoutier de Paris.* Facture du 18 août.	12 Bagues à facettes, 4 chaînes de montre, dont deux en gourmettes, les deux autres en anneaux brisés; 12 paires de pendans unis, 6 paires d°. creux; 12 épingles de fantaisie, montées de pierres fausses.	

COMMISSAIRES-PRISEURS. — Ventes publiques.

Les ouvrages d'or ou d'argent, qui se vendent publiquement par le ministère d'huissier ou de commissaire-priseur, doivent être revêtus des poinçons voulus par la loi, comme les ouvrages exposés en vente dans les magasins.

On a, pendant longues années, exigé que les ouvrages fussent présentés au contrôle avant d'être livrés aux enchères; mais aujourd'hui, par suite d'une décision ministérielle, consignée dans la circulaire N°. 7, du 28 Juin 1823, et dont les employés ont ordre de donner connaissance à messieurs les commissaires-priseurs, les ouvrages d'or ou d'argent peuvent être adjugés conditionnellement *avant* de les avoir soumis au contrôle, et l'acquéreur peut même se dispenser de cette dernière formalité et de l'acquittement des droits de garantie, en déclarant qu'il est dans l'intention de briser les ouvrages pour les fondre.

Une décision ministérielle du 15 Novembre 1822 porte ce qui suit :

Article 3. Les ouvrages provenant de ventes publiques du mont-de-piété de Paris seront essayés *au touchau*. Le prix de chaque essai sera payé à raison de neuf centimes pour l'or, conformément à la loi, et les ouvrages seront empreints des marques de la garantie, en cours de service, sauf à marquer du poinçon *étranger* ceux dont le titre aura paru trop faible ou qui seront reconnus pour être de fabrique étrangère.

(Une autre décision étend cette mesure à tous les monts-de-piété de province.)

Art. 4. Seront également essayés au touchau, à Paris et dans les départemens, pour être marqués des poinçons français ou *étrangers*, suivant l'exigence des cas, les ouvrages d'or et d'argent, provenant des ventes publiques, faites après décès par des commissaires-priseurs, lors toutefois qu'il sera constaté au procès verbal de vente que lesdits ouvrages ont été adjugés à l'un ou à plusieurs des héritiers.

D'après ces décisions, les commissaires-priseurs doivent, lorsqu'ils sont chargés de vendre des objets d'or ou d'argent, faire la déclaration, au bureau de garantie, du jour et du lieu où la vente sera faite, et des divers objets qui seront vendus.

Lors de la vente, ils doivent également, avant de remettre les objets d'or ou d'argent aux adjudicataires, leur demander s'ils sont dans l'intention de conserver ces objets pour leur usage ou pour les revendre, ou s'ils veulent les briser pour les fondre : dans le premier cas, les ouvrages doivent être envoyés sur-le-champ au bureau de garantie, pour être poinçonnés et acquitter les droits; dans l'autre cas, ils doivent être brisés à l'instant même, en présence du commissaire-priseur.

EXPÉDITIONS D'OUVRAGES A L'ÉTRANGER.

L'expédition des ouvrages d'or ou d'argent à l'étranger nécessite des formalités différentes, selon que l'expéditeur est *fabricant* de ces sortes d'ouvrages, ou seulement marchand ou commerçant.

Dans le premier cas, le fabricant a droit à la restitution des deux tiers des droits de garantie, moyennant qu'il remplisse les formalités voulues par la loi, et dont le détail suit:

Il doit faire une déclaration sur papier timbré, dont le modèle est ci-après; la présenter au bureau de garantie, ainsi que la caisse *ouverte*, dans laquelle les ouvrages sont renfermés. Le contrôleur procède à la reconnaissance des ouvrages, et après s'être assuré que le *poinçon de garantie* est bien celui en activité *dans son bureau* et que le poinçon de maître est bien celui du *fabricant expéditeur*, et enfin que ces ouvrages ont effectivement acquitté les droits de garantie entre les mains du receveur de son bureau; il relatera cet examen au bas de la déclaration, la date de la perception, la quotité des droits perçus et le numéro de l'enregistrement.

Cette relation devra être signée des trois employés: le contrôleur, le receveur et l'essayeur.

Les ouvrages devront être emballés à l'instant même, et en présence des préposés de la garantie. La caisse sera entourée d'une corde d'une seule longueur, sur les deux bouts réunis de laquelle le contrôleur apposera, avec de la cire à cacheter, une empreinte du cachet du bureau de garantie, et une pareille empreinte en marge du certificat, pour servir de comparaison. Le fabricant fera porter la caisse en cet état à la douane, fera vérifier les cachets au visiteur et demandera un acquit-à-caution qui tiendra lieu de permis d'embarquer. Il fera ensuite transporter la caisse à bord du navire, et remettra l'acquit-à-caution au douanier de service, pour qu'il le fasse décharger à la sortie. Cette pièce, revêtue du certificat de sortie, devra être encore visée par le directeur des douanes et empreinte de son sceau particulier; elle sera alors jointe à la déclaration du fabricant, et le tout devra être remis à M. le directeur des contributions indirectes dans le délai de trois mois. Ce fonctionnaire, après avoir rendu compte de l'expédition et demandé l'autorisation nécessaire, fera restituer les deux tiers des droits perçus, conformément à l'article 25 de la loi du 19 Brumaire, an 6 (9 Novembre 1797.)

N°. I.   MODÈLE DE DÉCLARATION.

*Je soussigné fabricant-orfévre établi à Bordeaux, rue.............................,
déclare expédier pour........................, par le navire l........................,
capitaine.............................., partant du port d............................
le...................... du présent mois, les ouvrages d'orfèvrerie, ci-après détaillés,
savoir:*

(Détail des ouvrages.)

Lesquels ouvrages, du poids total de......... kilogrammes, ayant été fabriqués dans mes ateliers, et présentés par moi au bureau de garantie, de cette ville, où j'ai acquitté les droits de contrôle, je sollicite la restitution des deux tiers de ces mêmes droits, conformément aux dispositions de l'article 25 de la loi du 19 Brumaire, an 6, après toutefois que j'aurai rempli les formalités prescrites par l'article 25 de la même loi.

Fait à Bordeaux, le   Signé

ORFÉVRERIE ET BIJOUTERIE ÉTRANGÈRES.

Leur introduction en France.

L'introduction en France des ouvrages d'orfévrerie et de bijouterie, venant de l'étranger, est autorisée, moyennant l'acquittement des droits de douane et de garantie.

Tous les ouvrages d'or et d'argent, importés, sont passibles de ces droits, quelles que soient leur origine et les marques dont ils sont revêtus, sans excepter ceux-mêmes qui seraient de fabrique française, et qui porteraient les poinçons et contre-marques en activité.

Néanmoins ces sortes d'ouvrages ne peuvent être présentés dans les bureaux de garantie, que sous les plombs des douanes, accompagnées d'un acquit-à-caution ; alors ils sont admis à la marque du poinçon dit *étranger*, sans examen de titre, après avoir acquitté les droits.

ORFÉVRERIE ÉTRANGÈRE.

Indication de diverses marques dont ces ouvrages sont revêtus, de leur titre et de leur valeur.

	D.	GR.	MILL.	F.	C.
ALLEMAGNE.					
Un W et une aigle impériale	10	9	865	46	28
Une scie	9	2	757	40	50
Deux épées croisées	8	21	739	39	54
Un sceptre	10	9	865	46	28
Deux croix couronnées					
La lettre N	9	10	785	42	»
Un lion					
Un cheval					
ANGLETERRE.					
L'effigie du Roi et un léopard	11	1	920	49	22
ESPAGNE.					
Les armes du Royaume	8	21	738	39	48

Ces titres sont ceux auxquels on travaille ordinairement l'argenterie ; mais ils ne sont point fixes et invariables comme en France, et par conséquent il est très-possible que des ouvrages, revêtus des marques indiquées ci-dessus, se trouvent à des titres supérieurs ou inférieurs.

EXPÉDITION SANS RESTITUTION DE DROITS.

Les marchands ou commerçans n'ayant aucun droit à la restitution de deux tiers du droit, qui est accordée aux fabricans à titre d'encouragement, ils doivent simplement justifier, par la présentation des ouvrages au bureau de garantie, qu'ils sont revêtus des poinçons voulus par la loi.

La déclaration ci-après, faite sur papier libre et revêtue du certificat d'examen du contrôleur, doit être remise avec la caisse ficelée et cachetée, comme il a été dit plus haut, à la douane, et, le chargement étant autorisé et effectué, il n'est pas nécessaire que la sortie soit constatée.

N°. II. MODÈLE DE DÉCLARATION.

*Je soussigné marchand-bijoutier (ou négociant), établi à Bordeaux, déclare expédier pour...................................., par le navire l....................................,
capitaine...................................., partant du port d....................................,
le...................................., les ouvrages ci-après détaillés, savoir :*

(Détail des ouvrages.)

....
....
....
....

Lesquels ouvrages sont du poids total de

Bordeaux, le Signé

Le contrôleur de la garantie doit certifier que les ouvrages ont été vérifiés par lui, et qu'il les a reconnus revêtus des poinçons de marque et de contre-marque en activité.

DÉSIGNATION

DU TITRE

DE DIVERSES PIÈCES DE MONNAIE,

FRANÇAISES ET ÉTRANGÈRES,

Qui peuvent servir pour des alliages.

			Kar.	32.es		Millièmes
FRANCE.	*Or.*	Louis de 1785, aux armes................	21	20	ou	901
		Idem de 1726, à lunettes...............	21	16		896
		Louis neuf............................	21	19		900
		Idem vieux de Louis XVI..............	21	19		900
	Argent.	Pièces de six livres, républicaines........		10 ^{d} 20 ^{gr}		903
		Écu de six livres, de Louis XIV. ⎫				
		Idem de Louis XV. ⎬		10	21	906
		Idem de Louis XVI. ⎭				
DANEMARK.	*Or.*	Double ducat..........................	23	24		990
		Ducat courant........................	21	4		880
HOLLANDE.	*Or.*	Ducat de 1756.........................	23	20		984
		Idem de 1801........................	23	18		982
	Argent.	Rixdale..............................		10	10	872
ANGLETERRE.	*Or.*	Guinée de George Ier. ⎫				
		Idem d'Anne d'Ang. ⎪				
		Idem de George III. ⎬ .... 22 »		22	»	917
		Demi-guinée. ⎭				
PRUSSE.	*Or.*	Ducat de Fréderic-Guillaume..............	23	16		979
		Double Fréderic et simple................	21	22		904
		Ducat de Hambourg, de 1740.............	23	16		979
		Ducat de Hanovre, de 1712.............	23	30		997
ESPAGNE.	*Or.*	Quadruples du Pérou, du Mexique et d'Espagne............................		21	24	
	Argent.	Piastres à colonnes, à globe et sans globe.		10	21	946

CONSEILS AUX CONTRIBUABLES. -- Réflexions générales.

Il n'est guère possible d'entrer dans de plus longs détails sur les obligations respectives de chaque contribuable de la garantie; leurs devoirs sont tracés par des lois et ordonnances, on ne peut que les rappeler et en faciliter l'interprétation.

Il est pourtant quelques cas particuliers qui peuvent me fournir matière à donner des conseils qui seront utiles à ceux qui voudront se prêter à les suivre.

Les commerçans honnêtes se plaignent, avec quelque apparence de raison, de ce que les lois sur la garantie ne leur offrent pas un moyen sûr et infaillible de n'être jamais en contravention, et de ce qu'elles frappent indistinctement et avec la même rigueur celui qui fraude par spéculation et par habitude, et celui qui n'est contrevenant que parce qu'il manque des connaissances nécessaires pour veiller à ce que ses marchandises soient en règle. Je crois qu'il serait plus raisonnable de dire que la loi punit la négligence aussi sévèrement que la fraude. Je répondrai alors que la loi ne frappe que les contrevenans aux dispositions qu'elle prescrit dans l'intérêt général, et, dans ce cas, la contravention par négligence et la même contravention préméditée sont punies également; la loi n'admet pas même la moralité et les antécédens de la partie, c'est l'employé qui doit faire cette différence.

Je vais tâcher d'indiquer les divers genres de contraventions qui peuvent donner lieu à des procès, au préjudice des contribuables, et de donner les moyens qui me paraissent les plus propres à les éviter.

Il n'y a guère que deux ou trois cas ordinaires qui donnent lieu à verbaliser :

1°. La possession d'un certain nombre d'objets d'or ou d'argent, neufs, *dépourvus* de marques;

2°. La possession d'un certain nombre d'objets d'or ou d'argent, revêtus seulement des anciens poinçons et non de celui de recense, et la non-inscription de ces ouvrages sur le registre.

Dans ces deux hypothèses, comme dans toutes les autres où les contraventions sont notoires, toutes les plaidoiries ne parviendraient pas à affranchir le contribuable saisi de la perte de ses ouvrages et de deux cents francs d'amende.

Et en supposant même que, par une interprétation favorable de la loi, on gagnât en première instance, la régie ferait appel, poursuivrait au besoin en réparation, et occasionnerait des frais de procédure, qui finiraient par tomber à la charge de la partie saisie.

Je pense donc que dans ces divers cas, c'est-à-dire lorsque la contravention est manifeste et incontestable, le moyen le plus prompt et le plus économique de terminer de pareils procès, c'est de ne les point laisser commencer ; à cet effet, on pourrait adresser une soumission au directeur des contributions indirectes du département, et offrir de payer *sans procès* l'amende voulue et de supporter la perte des objets saisis dont on ferait abandon.

MM. les directeurs n'ont point le droit de transiger en matière de garantie ; mais, lorsque de pareilles demandes leur sont présentées, ils les adressent ordinairement à M. le directeur général qui, après avoir pris les ordres de S. E. le Ministre des finances, fait connaître sa décision.

Ce moyen de terminer un procès de peu d'importance, lorsqu'il réussit, offre l'avantage d'économiser les frais de procédure et d'avocat, évite le désagrément de figurer sur les bancs des accusés devant un tribunal : enfin il présente un autre avantage encore ; c'est que, dans le cas d'un nouveau procès, il ne porterait point en récidive, et l'on aurait un peu moins à redouter le troisième jugement qui interdit définitivement le commerce d'ouvrages d'or et d'argent.

La contravention la plus délicate et la plus difficile à constater, et qui embarrasse souvent les employés et bien plus encore les contribuables qui en sont victimes, est celle relative aux faux poinçons.

La régie a reconnu l'extrême difficulté de constater ces sortes de contraventions, puisque, dans le manuel qu'elle a fait délivrer à tous ses employés, elle leur recommande, page 132, de ne remplir qu'à moitié le vœu de la loi, lorsqu'ils n'auront pas la conviction intime et démontrée que les marques sont fausses ; de se borner alors à vérifier le titre, et, seulement dans le cas où celui-ci serait fraudé, d'opérer la saisie.

M. le directeur général des contributions indirectes dit également à ses employés, dans la circulaire N°. 58, du 8 Octobre 1822 :

« La contravention la plus délicate à constater est celle qui résulte des marques de faux
» poinçons ; la gravité des peines infamantes, prononcées par le code pénal, et *l'extrême*
» *difficulté* qu'éprouve souvent l'œil le mieux exercé à discerner une marque altérée sont
» des motifs puissans qui commandent la plus grande circonspection aux employés. »

» Lorsqu'ils auront de graves indices pour soupçonner la vérité d'une marque, ils pour-
» ront s'assurer du titre de l'ouvrage suspect, sans le détruire ; si le résultat de l'essai con-
» firme leurs soupçons, ils n'hésiteront plus à verbaliser. »

La même circulaire encore dit à la page 9 :

« La pratique fera connaître aux employés que certain genre de bijoux, en raison du
» recroni et du manque d'épaisseur de la matière, ne reçoivent que de faibles traces des
» signes de la contremarque et même des poinçons simples ; ce ne serait donc pas un mo-
» tif pour arguer de faux une empreinte légère.

» Au surplus, s'il s'élevait des contestations sur la validité des marques, les employés
» doivent en référer au directeur qui fera procéder à une nouvelle vérification, et qui,
» s'il le juge convenable et d'après le consentement du possesseur, m'adressera les ouvrages. »

Enfin la même circulaire N°. 58 porte, page 15, qu'on se ferait une fausse idée du droit de garantie, si on ne le considérait que sous le rapport des produits. L'intérêt le plus puissant et le plus général est d'empêcher que la confiance due à la vérité de la marque ne soit altérée. Les employés doivent se considérer comme les dépositaires de la confiance ; mais ils ne doivent pas perdre de vue que tous ceux qui se livrent au commerce d'ouvrages d'or et d'argent sont, par la nature de l'objet de leur spéculation, des redevables d'une classe particulière, pour lesquels les employés doivent avoir les plus grands égards dans leurs relations.

J'ai cité ces divers passages des instructions, pour prouver au commerce que la régie, en se chargeant de l'administration de la garantie, n'a point eu l'intention de faire peser sur ce service une surveillance rigoureuse ; mais qu'au contraire elle veut que cette même surveillance soit exercée avec des égards tout particuliers ; avec la plus grande exactitude, mais aussi avec justice et impartialité.

Il résulte des observations précédentes que le procès le plus à redouter de la part des contribuables, parce qu'ils ont peu de moyens de s'en préserver, peut devenir moins à craindre pour eux, s'ils veulent bien se pénétrer, au moyen d'une légère étude de quelques jours, de l'instruction qui fait suite aux tableaux des poinçons, pages ci-après, ce qui les mettra à portée de juger par eux-mêmes de la régularité des marques; ils pourront même, en quelque sorte, se mettre à l'abri de pareils procès, s'ils veulent prendre soin d'observer les précautions que je vais indiquer.

Les fabricans n'ont qu'une précaution fort simple à prendre, c'est de n'envoyer leurs ouvrages au contrôle que par des ouvriers ou des personnes dont la probité leur soit bien connue.

Il n'en est pas de même des marchauds-bijoutiers qui reçoivent leurs marchandises des fabricans de Paris; ils doivent particulièrement tenir la main à ce que ces mêmes fabricans placent leurs poinçons de maître à côté du poinçon de garantie sur tous les ouvrages qui peuvent supporter ces deux empreintes; ils doivent également se faire délivrer des bordereaux de vente, attestant que les ouvrages sont duement contrôlés.

Avant de déposer des ouvrages quelconques dans les vitrines, il faut s'assurer, au moyen d'une vérification que l'on fait soi-même, d'abord qu'ils sont revêtus des marques en service; ensuite, autant que l'expérience le permet, s'assurer que ces marques ne présentent aucun caractère de fausseté.

Toutes ces précautions étant prises, s'il arrivait qu'un employé voulût dresser procès verbal pour faux poinçons, le contribuable puiserait d'abord dans l'expérience qu'il aurait acquise de la vérification des marques, des argumens à opposer à ceux qu'on fournirait pour établir la fausseté des poinçons; il ferait ensuite valoir les divers passages des instructions qui sont citées plus haut, en ayant soin de les exprimer toujours avec le calme et la modération d'une conscience qui ne se reproche rien.

Il s'en servirait pour obtenir une vérification devant M. le directeur des contributions indirectes (*circulaire* N°. 58, *page* 9), ou pour qu'on se bornât à vérifier le titre des ouvrages, afin que l'exactitude de celui-ci dissipe les soupçons dirigés sur les marques.

Si, malgré toutes les représentations, les employés persistaient à verbaliser, le contribuable doit déclarer dans tous les cas, lorsqu'il en sera interpellé, qu'il signera le procès verbal, et, lorsque cet acte sera entre ses mains, il consignera préalablement les objections qu'il a faites et les refus qu'il a reçus. Il invitera ensuite l'officier de police à certifier la vérité de ses observations, de même qu'à rectifier ce qui pourrait être inexact dans la rédaction du procès verbal.

On lui citerait au besoin le passage ci-après de la circulaire de l'administration des monnaies, du 1er. Prairial, insérée à la page 39 du manuel de la garantie:

« Les commissaires de police, les maires ou les adjoints sont requis:

» 1°. Pour accompagner les employés dans les visites et recherches à faire chez les marchands et fabricans;

» 2°. Pour être présent à toutes les opérations qui tendent à constater les fraudes;

» 3°. Pour protéger *les parties intéressées*, c'est-à-dire *les employés*, dans le cas de de refus et de violence, et *les orfévres*, dans celui où les employés s'écarteraient des dispositions de la loi;

» 4°. Pour être présens à la rédaction du procès verbal, *veiller* à ce que les faits et di-

» res y soient rapportés avec exactitude, et, dans le cas d'omission, *faire rétablir les faits* » *ou dires omis.* »

Il faudrait aussi demander instamment à se rendre avec les employés et l'officier public devant M. le directeur des contributions indirectes, avant que les objets fussent déposés au greffe, afin de reproduire les représentations ci-dessus, toujours en les appuyant des instructions de la régie, et obtenir que les objets soient vérifiés de nouveau.

Si ce dernier moyen ne réussit pas, il faut avoir recours à un avocat, pour faire valoir devant les tribunaux les moyens de justification, qu'on avait déjà vainement essayé de présenter.

INSTRUCTION

Sur l'application et la reconnaissance des poinçons.

Avant de donner les éclaircissemens nécessaires pour faciliter la connaissance des poinçons, je dois indiquer les règles administratives, d'après lesquelles les marques sont apposées sur les divers ouvrages.

(Gros ouvrages.)
Les poinçons de titre portent dans leur intérieur un chiffre qui indique le premier ou second titre pour l'argent, et le premier, deuxième ou troisième, pour l'or. Ils s'appliquent indistinctement sur tous les ouvrages assez volumineux ou assez forts pour en recevoir les empreintes sans détérioration. Ces poinçons sont toujours accompagnés de celui de garantie, et c'est ce dernier qui porte au revers l'empreinte de la contremarque. Ces deux poinçons de titre et de garantie ne sont apposés par les employés que sur les ouvrages revêtus du poinçon de fabricant, et après que ces mêmes ouvrages ont été essayés à la coupelle et le titre constaté par un bulletin d'essai. Ainsi tous les objets d'or ou d'argent d'un certain volume doivent être revêtus de trois poinçons: celui de titre, celui de garantie avec la contre-marque et celui du fabricant.

Lorsque les ouvrages sont garnis de petites pièces accessoires, *non soudée*, chacune de ces petites pièces doivent être marquées du poinçon qui sert pour les menus ouvrages.

(Petits ouvrages.)
Les petits bijoux d'or et ceux d'argent sont marqués d'un poinçon particulier. La contre-marque est la même pour l'un et pour l'autre. Ce poinçon s'applique, autant que possible, dans l'endroit le plus apparent, et toujours sur le corps principal de l'ouvrage.

Lorsqu'un bijou est composé de deux ou trois petits accessoires tels qu'une petite cassolette et son couvercle, et autres objets semblables dont la pièce accessoire est *indispensable au complément* du bijou, on ne marque que la pièce principale, parce que les employés ne l'admettent qu'avec tous ces ornemens, et non dans un état incomplet.

(Petits ouvrages avec garnitures.)
Il n'en est point de même des bijoux ornés d'une garniture fixe ou mobile, d'un volume et d'un poids plus considérable que la pièce principale. Par exemple: une chaîne de col, surmontée d'un petit cadenat ou fermoir; un collier à plusieurs rangs; une chaîne de montre: ces objets se marquent d'une manière particulière. Si les chaînes et accessoires sont trop faibles pour recevoir l'empreinte des poinçons, on appose deux marques à côté l'une de l'autre sur la pièce principale, et l'on indique, par cette double empreinte, que le bijou a été présenté complet au contrôle et à l'essai. Si au contraire les chaînes sont

assez fortes, on les poinçonne particulièrement au milieu d'une seule marque, et l'on poinçonne également la pièce principale d'une seule empreinte. Ainsi il est entendu qu'un bijou quelconque, garni de chaînes, de quelque forme et de quelque force qu'elles soient, doit être revêtu des poinçons qui attestent sa présentation à l'essai et au contrôle, c'est-à-dire d'un petit poinçon sur la pièce principale, et d'un poinçon au milieu de la chaîne ou de chacune des chaînes s'il y en a plusieurs et si elles sont assez fortes pour supporter l'empreinte, et de deux empreintes *à côté l'une de l'autre* sur la pièce principale des bijoux ornés de garnitures trop faibles pour être marquées.

(Ouvrages étrangers ou à bas titre.)

(Poinçons étrangers.)

Les ouvrages de fabriques étrangères, introduits en France avec les formalités voulues par la loi; les ouvrages à bas titre ou d'origine étrangère, vendus dans un mont-de-piété; les ouvrages vendus à l'encan par suite d'un décès et adjugés à un héritier de la succession, se marquent d'un poinçon particulier, désigné sous le nom de *poinçon étranger*. Ces poinçons (gros et petits) sont les mêmes pour tous les départemens; ils représentent, l'un une feuille et l'autre un fruit étrangers : ils ne portent point, comme les autres, un numéro indicatif du bureau. Ceux de Paris représentent, l'un une tête égyptienne, l'autre une tête de nègre. (*Voyez le tableau.*) Les contribuables ne sauraient trop s'attacher à bien connaître ces poinçons, puisqu'ils indiquent presque toujours que les ouvrages qui en sont revêtus sont à bas titre.

La connaissance des marques ou plutôt l'étude et le travail nécessaires pour l'acquérir paraissent à beaucoup de personnes d'une telle difficulté qu'elles appréhendent de s'y livrer. C'est une bien grande erreur, et je vais tâcher de la démontrer et de la détruire, en simplifiant autant que possible, par quelques explications sur la composition des tableaux, la manière de reconnaître les marques.

La première et la plus essentielle de toutes les choses préparatoires, c'est d'avoir une bonne loupe dont le verre ait environ quinze lignes de diamètre, et le foyer un pouce et demi. Un verre plus grand ne grossirait pas assez; plus petit, il grossirait trop, et les marques deviendraient difficiles à distinguer.

Il faut aussi savoir que la loupe doit être soutenue immobile au point convenable, en appuyant le pouce ou l'un des doigts de la main droite qui tient la loupe à un point quelconque de la main gauche qui tient l'ouvrage à vérifier.

Maintenant voici l'explication de la composition des tableaux :

Les bureaux de garantie sont formés en neuf divisions pour les petits poinçons seulement; les gros poinçons de titre et de garantie sont communs pour toute la France, Paris excepté qui a ses poinçons particuliers.

Chaque division, composée de neuf, dix, onze et même quatorze bureaux, a trois petits poinçons particuliers, savoir :

Un poinçon pour les petits ouvrages d'or,

Un poinçon pour les petits ouvrages d'argent,

Un poinçon pour les petits ouvrages de recense.

Ce dernier poinçon n'a été en usage que pendant les trois mois du renouvellement des poinçons en 1819.

Les bureaux de garantie, qui sont compris dans la même division, ont par conséquent des poinçons qui représentent le même dessin, mais avec cette différence que le poinçon de chaque bureau porte en même temps une lettre qui est adoptée et reconnue comme la marque distinctive du bureau où l'objet a été marqué. Par exemple : d'après le tableau, on voit que la première division de la garantie se compose de quatorze bureaux : Lille, *Valenciennes*, *Dunkerque* etc. Devant chacun de ces noms et des autres qui suivent, on aperçoit d'abord un chiffre, ensuite une lettre ; le chiffre est gravé dans les gros poinçons de garantie, et la lettre dans les petits : ainsi donc la première division a pour petits poinçons *un char* pour l'or, *un papillon* pour l'argent, et *une cafetière* pour la recense. Chacun de ces trois poinçons porte la lettre indicative du bureau où il a été empreint : par conséquent un objet d'or, marqué d'*un char* avec la lettre A, est reconnu pour avoir été poinçonné à Lille ; un objet d'argent, marqué d'*un papillon* avec la lettre D, a été poinçonné à Dunkerque, et un objet empreint d'*une cafetière*, avec la lettre C, a été recensé à Valenciennes.

Il suffit donc de bien comprendre la formation des divisions de la garantie, et de se familiariser autant que possible avec les marques particulières de chaque division et les signes de chaque bureau, pour pouvoir reconnaître au premier coup-d'œil que l'objet que l'on vérifie a été poinçonné à tel bureau.

Une guitare, avec la lettre H, vient de Saint-Malo, parce que cette ville dépend de la huitième division qui a *une guitare* gravée sur son poinçon pour les menus ouvrages d'or.

Une lyre, *une grenouille* ou *un arrosoir*, portant la lettre T, annoncent que les ouvrages qui en sont revêtus ont été marqués à Bordeaux, parce que cette ville fait partie de la sixième division qui a les trois objets que je viens de désigner gravés sur ces poinçons, et que la lettre T indique Bordeaux.

Les poinçons de garantie, qui accompagnent toujours ceux de titre, portent aussi dans leur intérieur un chiffre ; mais celui-ci est pour indiquer le bureau où ce poinçon a été appliqué, parce que, comme je l'ai dit plus haut, chaque bureau a un chiffre distinctif. Ainsi un ouvrage d'or, portant pour poinçon de garantie *un masque regardant à droite*, avec le N°. 82, aurait été marqué à Limoges, parce que ce numéro est reconnu pour le chiffre distinctif de ce bureau. (Voyez le tableau.) Le même poinçon avec le N°. 12 aurait été marqué à Marseille ; enfin, avec le N°. 31, il aurait été poinçonné à Bordeaux. Quant aux poinçons de titre, ils sont les mêmes pour tous les bureaux de France, Paris excepté.

Il y a une espèce de poinçons qui se distinguent sous le nom de *poinçons spéciaux*, pour l'horlogerie ; ils sont les mêmes pour Paris et les départemens, avec cette différence que le bureau de Paris est désigné par la lettre P, gravée dans l'intérieur du poinçon, et que tous les autres bureaux en province sont désignés par le chiffre caractéristique de chaque bureau. Ces poinçons représentent : l'un *une tête de bœuf*, qui s'applique sur les ouvrages d'horlogerie, en or ; l'autre, *une écrevisse*, qui s'applique sur les ouvrages d'horlorgerie, d'argent.

Les poinçons de Paris ont, comme je l'ai déjà dit, des dessins particuliers ; mais le poinçon le plus important à bien connaître et qui doit occuper tout particulièrement l'attention des contribuables, c'est *la tête de belier*, qui s'insculpe sur les petits ouvrages d'or, fabriqués à Paris.

Il serait très à propos, et l'on faciliterait singulièrement l'étude des marques, que l'on se procurât une collection de quelques petits objets d'or, empreints d'une marque bien nette et bien insculpée de tous les petits poinçons, mais sur-tout de *la tête de belier*, pour pouvoir au besoin la comparer avec une empreinte douteuse, comme le font les employés au moyen de leurs plaques de comparaison.

Il suffit, à mon avis, de bien se familiariser avec les empreintes de cinq ou six petits poinçons, pour pouvoir être en état de juger de la régularité des ouvrages qui se trouvent dans le commerce. Les principales villes de France, où la fabrication est plus ou moins active, sont Paris, *tête de belier* ; Marseille, *éventail* ; Bordeaux et Toulouse, *lyre* ; Lyon, *tiare*. Les dix-neuf vingtièmes des ouvrages qui se trouvent dans le commerce sont revêtus de l'un de ces quatre poinçons.

Du reste, comme je l'ai déjà dit, les contribuables doivent se borner à chercher à connaître si un ouvrage est marqué des poinçons en cours de service : mais, quant aux fausses marques, ils ne doivent point espérer de parvenir à les reconnaître ; car il y a impossibilité absolue d'arriver à ce degré de connaissance, sans le secours des plaques de contre-marques, qui sont entre les mains des employés.

Néanmoins avec de l'habitude, et en se pénétrant des diverses figures qui composent ces contre-marques et des traits caractéristiques des divers petits poinçons que j'ai désignés plus haut, on peut, en très-peu de jours d'étude, acquérir des connaissances suffisantes pour juger de la régularité d'une marque et par conséquent pour contester au besoin et fournir des argumens sur cette matière.

TARIF DES DROITS DE GARANTIE.

Les droits de contrôle sont déterminés par la loi du 19 Brumaire, an 6, savoir à raison de vingt francs par hectogramme d'or et d'un franc par hectogramme d'argent, plus un dixième en-sus, conformément à la loi du . . . . . .

Les deux petits tableaux ci-après ont pour objet de faire connaître aux assujétis de la garantie les sommes qu'ils ont à payer pour un poids quelconque d'or ou d'argent, pour droits de contrôle.

Les comptes sont faits en nouveaux et en anciens poids, pour qu'ils choisissent celui qui leur conviendra le mieux.

Les droits d'essai se paient séparément ; ils sont fixés à 3 francs pour un essai d'or à la coupelle, et 80 centimes pour un essai d'argent.

Mais, comme les ouvrages que l'on soumet au contrôle ne sont pas toujours assez volumineux pour pouvoir être essayés au feu, on se borne, sur-tout pour l'or, à l'examen à la pierre de touche. L'essayeur perçoit alors un droit de touchau, qui est de neuf centimes par dix grammes d'or (environ un centime par gramme). Néanmoins, lorsque le poids s'élève à 120 grammes et au-dessus, il a droit à une rétribution d'un essai (trois francs) par chaque 120 grammes de poids. Ainsi,

Pour 120 grammes, les droits d'essai sont de 3 francs.

Pour 150 grammes, ... de 3 francs 75 centimes.

Pour 180 grammes, ... de 4 francs 50 centimes.

Les droits d'essai pour l'argent se paient 80 centimes. L'essayeur a le droit de percevoir cette somme pour un ouvrage du poids de dix grammes, comme pour un objet plus volumineux et plus lourd ; mais aussi il ne lui est point dû davantage pour un ou plusieurs ouvrages *de la même* fonte , jusqu'au poids de deux mille grammes. Quand on présente un poids beaucoup plus considérable, il perçoit ses droits d'essai à raison de 80 centimes par deux mille grammes.

L'usage des petits tableaux ci-après se borne à une simple addition. Un seul exemple suffira , je pense , pour le faire comprendre.

On envoie au contrôle 146 grammes d'or, combien y aura-t-il de droits à payer?

Je cherche d'abord 100 grammes qui donnent à payer 22 fr.

       Ensuite 40 grammes ou 4 décagrammes , 8 fr. 80

       Encore 6 grammes .... 1 fr. 32.

       146 grammes paient donc.......... 32 fr. 12.

       Droits d'essai , ... 3 fr. 75.

       Total des droits à payer , 35 fr 87 cent.

TARIF DES DROITS DE GARANTIE A PAYER SUR LES OUVRAGES D'OR.

NOUVEAUX POIDS.

Poids.	Droit Principal.	Décime.	Total.
Grammes.	*Francs. Centimes.*		
1	» 20	» 02	» 22
2	» 40	» 04	» 44
3	» 60	» 06	» 66
4	» 80	» 08	» 88
5	1 »	» 10	1 10
6	1 20	» 12	1 32
7	1 40	» 14	1 54
8	1 60	» 16	1 76
9	1 80	» 18	1 98
Décagramm.			
1	2 »	» 20	2 20
2	4 »	» 40	4 40
3	6 »	» 60	6 60
4	8 »	» 80	8 80
5	10 »	1 »	11 »
6	12 »	1 20	13 20
7	14 »	1 40	15 40
8	16 »	1 60	17 60
9	18 »	1 80	19 80
Hectogr.			
1	20 »	2 »	22 »
2	40 »	4 »	44 »
3	60 »	6 »	66 »
4	80 »	8 »	88 »
5	100 »	10 »	110 »
6	120 »	12 »	132 »
7	140 »	14 »	154 »
8	160 »	16 »	176 »
9	180 »	18 »	198 »
Kilogramm.			
1	200 »	20 »	220 »
2	400 »	40 »	440 »
3	600 »	60 »	660 »

ANCIENS POIDS.

Poids.	Droit Principal.	Décime.	Total.
Grains.			
1	» 01	» »	» »
2	» 02	» »	» »
3	» 03	» »	» »
4	» 04	» »	» »
5	» 05	» »	» »
6	» 06	» 01	» 07
12	» 13	» 02	» 15
18	» 19	» 02	» 21
24	» 25	» 03	1 28
36	» 38	» 04	» 42
48	» 51	» 06	» 57
54	» 57	» 06	» 63
Gros.			
1	» 76	» 08	» 84
2	1 53	» 16	1 69
3	2 29	» 23	2 52
4	3 06	» 31	3 37
5	3 82	» 39	4 21
6	4 59	» 46	5 05
7	5 35	» 54	5 89
Onces.			
1	6 12	» 62	6 74
2	12 24	1 23	13 47
3	18 36	1 84	20 20
4	24 48	2 45	26 93
5	30 60	3 06	33 66
6	36 72	3 68	40 40
7	42 84	4 29	47 13
Marcs.			
1	48 95	4 90	53 85
2	97 90	9 79	107 69
3	146 85	14 69	161 54
4	195 80	19 58	215 38
5	244 75	24 48	269 23
6	293 70	29 37	323 07

TARIE DES DROITS DE GARANTIE A PAYER SUR LES OUVRAGES D'ARGENT.

NOUVEAUX POIDS.

POIDS.	DROIT Principal.		DÉCIME.		TOTAL.	
	F.	C.	F.	C.	F.	C.
1 gramme	»	»	»	»	»	»
2	»	»	»	»	»	»
3	»	»	»	»	»	»
4	»	»	»	»	»	»
5	»	05	»	01	»	06
6	»	06	»	01	»	07
7	»	07	»	01	»	08
8	»	08	»	01	»	09
9	»	09	»	01	»	10
1 décagr.	»	10	»	01	»	11
2	»	20	»	02	»	22
3	»	30	»	03	»	33
4	»	40	»	04	»	44
5	»	50	»	05	»	55
6	»	60	»	06	»	66
7	»	70	»	07	»	77
8	»	80	»	08	»	88
9	»	90	»	09	»	99
1 hectogr.	1	»	»	10	1	10
2	2	»	»	20	2	20
3	3	»	»	30	3	30
4	4	»	»	40	4	40
5	5	»	»	50	5	50
6	6	»	»	60	6	60
7	7	»	»	70	7	70
8	8	»	»	80	8	80
9	9	»	1	90	9	90
1 kilogr.	10	»	1	»	11	»
2	20	»	2	»	22	»
3	30	»	3	»	33	»
4	40	»	4	»	44	»
5	50	»	5	»	55	»
6	60	»	6	»	66	»
7	70	»	7	»	77	»
8	80	»	8	»	88	»
9	90	»	9	»	99	»
10	100	»	10	»	110	»
20	200	»	20	»	220	»
30	300	»	30	»	330	»
40	400	»	40	»	440	»

ANCIENS POIDS.

POIDS.	DROIT Principal.		DÉCIME.		TOTAL.	
	F.	C.	F.	C.	F.	C.
1 grain.	»	»	»	»	»	»
2	»	»	»	»	»	»
3	»	»	»	»	»	»
4	»	»	»	»	»	»
5	»	»	»	»	»	»
6	»	»	»	»	»	»
12	»	»	»	»	»	»
18	»	01	»	»	»	»
24	»	01	»	»	»	»
36	»	02	»	»	»	»
48	»	03	»	»	»	»
54	»	03	»	»	»	»
1 gros.	»	04	»	01	»	05
2	»	08	»	01	»	09
3	»	11	»	02	»	13
4	»	15	»	02	»	17
5	»	19	»	02	»	21
6	»	23	»	03	»	26
7	»	27	»	03	»	30
1 once.	»	31	»	04	»	35
2	»	61	»	07	»	68
3	»	92	»	10	1	02
4	1	22	»	13	1	35
5	1	53	»	16	1	69
6	1	84	»	19	2	03
7	2	14	»	22	2	36
1 marc.	2	45	»	25	2	70
2	4	90	»	49	5	39
3	7	35	»	74	8	09
4	9	80	»	98	10	78
5	12	25	1	23	13	48
6	14	70	1	47	16	17
7	17	15	1	73	18	87
8	19	60	1	96	21	56
9	22	05	2	21	24	26
10	24	50	2	45	26	95
20	49	»	4	90	53	90
30	73	50	7	35	80	85
40	98	»	9	80	107	80
50	122	50	12	25	134	75

COMPTES FAITS

D'un poids quelconque d'or à tous les titres, depuis 14 karats, 583 milliè-mes, jusqu'à 1000 millièmes, ou 24 karats.

L'objet des tableaux ci-après est de faciliter le calcul de la valeur des matières d'or.

Ils sont établis sur le prix moyen que l'on paie l'or dans le commerce, 105 fr. l'once. Néanmoins, quand même les matières que l'on achèterait ou vendrait seraient payées d'après un autre cours que celui de 105 fr. l'once d'or fin, les comptes faits pourraient également servir en ajoutant quatre centimes à la valeur de chaque once d'or portée au tableau sur cinq centimes d'augmention du prix donné à l'or fin ; ainsi 1 once d'or au titre de 750 millièmes, à raison de 105 f. le fin, vaut 78 f. 75 c., et 1 once d'or au même titre, à raison de 105 f. 05 c., vaudrait 78 f. 79 c.

Comme les personnes qui commercent sur ces matières ont conservé l'habitude des anciens poids, les calculs sont faits par onces, gros et grains.

Voici deux exemples de la manière très-simple de faire usage de ces tableaux :

On veut connaître la valeur d'un lingot ou d'une masse de 4 onces, 5 gros, 24 grains d'or à 18 karats et 12 trente-deuxièmes ou 766 millièmes ;

On cherche d'abord le tableau qui porte le titre 18 karats, avec ses fractions ; on cherche ensuite la colonne qui porte 766 millièmes : plaçant le doigt sur le haut de cette même colonne, on le descend jusqu'à la ligne qui correspond au poids dont on veut connaître la valeur.

Ainsi le chiffre qui indique 4 onces dans la première colonne à gauche étant suivi du doigt jusqu'à la colonne qui porte en tête 766 millièmes, on trouve, à l'angle correspondant de ces deux nombres, 321 fr. 72 cent.

	Fr.	C.
Donc 4 onces d'or, à 766 millièmes, valent	321	72.
On trouve, par le même moyen, que 5 gros valent	50	27.
Enfin que 24 grains valent	3	35.
Le lingot de 4 onces, 5 gros, 24 grains, vaut donc	375	34.

Mais ce tarif ne portant point tous les titres, ce qui aurait beaucoup trop multiplié les tableaux, il peut arriver qu'on ait à chercher la valeur d'un poids d'or à un titre non indiqué ;

Dans ce cas, comme la différence ne peut être que d'un millième, on peut faire le calcul d'après le titre le plus rapproché, et ajouter ensuite dix centimes par once et 2 centimes par gros, si on a pris un titre d'un millième inférieur, ou au contraire diminuer de la la même somme de 10 centimes par once, si on a pris le titre d'un millième supérieur.

Du reste voici la règle fort simple dont on se sert pour calculer la valeur d'une once d'or à tous les titres possibles ; elle consiste à multiplier le titre du lingot, ou de la masse d'or, par la valeur convenue de l'or fin :

Exemple. Quelle est la valeur d'une once d'or au titre de 750 millièmes, à 150 francs l'once de fin ?

On multiplie   750 millièmes
Par..........   105 francs.

$$
\begin{array}{r}
3750 \\
7500 \\
\hline
78,75|0
\end{array}
$$

On supprime le dernier chiffre à droite, et les autres donnent la valeur en francs et centimes : ici la valeur est de 78 fr. 75 cent.

Si le prix convenu de l'or fin se composait de francs et de centimes, au lieu de supprimer un chiffre, on en retrancherait trois.

Exemple. Quelle est la valeur d'une once d'or à 753 millièmes, à raison de 105 fr. 10 cent. l'or fin ?

On multiplie   753 millièmes
Par.......   10510

$$
\begin{array}{r}
7530 \\
3765 \\
7530 \\
\hline
79,14|030
\end{array}
$$

La valeur est donc de 79 fr. 14 cent.

14 Karats.

POIDS	14 k. 583 mes		14 k. 2 32es 586 mes		14 k. 4 32es 589 mes		14 k. 6 32es 591 mes		14 k. 8 32es 594 mes		14 k. 10 32es 596 mes		14 k. 12 32es 599 mes		14 k. 14 32es 602 mes	
	f.	c.	f.	c.	f.	c.	f.	c.	f.	c.	f.	c.	f.	c.	f.	c.
1 grain.	»	11	»	11	»	11	»	11	»	11	»	11	»	11	»	11
2	»	21	»	21	»	21	»	21	»	22	»	22	»	22	»	22
3	»	32	»	32	»	32	»	32	»	32	»	33	»	33	»	33
4	»	43	»	43	»	43	»	43	»	44	»	44	»	44	»	44
5	»	53	»	53	»	53	»	54	»	54	»	54	»	55	»	55
6	»	64	»	64	»	64	»	65	»	65	»	65	»	65	»	66
12	1	28	1	28	1	29	1	29	1	30	1	30	1	31	1	32
18	1	91	1	92	1	93	1	94	1	95	1	95	1	96	1	97
24	2	55	2	56	2	58	2	59	2	60	2	61	2	62	2	63
36	3	82	3	84	3	86	3	88	3	90	3	91	3	93	3	95
48	5	10	5	13	5	15	5	18	5	20	5	22	5	24	5	26
54	5	74	5	77	5	80	5	82	5	85	5	87	5	89	5	92
60	6	37	6	41	6	44	6	47	6	50	6	52	6	55	6	58
1 gros.	7	65	7	69	7	73	7	76	7	80	7	82	7	86	7	90
2	15	30	15	38	15	46	15	51	15	59	15	64	15	72	15	80
3	22	95	23	07	23	19	23	27	23	39	23	46	23	59	23	70
4	30	60	30	76	30	92	31	02	31	18	31	29	31	44	31	60
5	38	25	38	45	38	65	38	78	38	97	39	11	39	30	39	50
6	45	90	46	14	46	38	46	54	46	77	46	93	47	17	47	40
7	53	55	53	83	54	11	54	29	54	57	54	76	55	03	55	31
1 once.	61	21	61	53	61	84	62	05	62	37	62	58	62	89	63	21
2	122	43	123	06	123	69	124	11	124	74	125	16	125	79	126	42
3	183	64	184	59	185	54	186	16	187	11	187	74	188	60	189	63
4	244	86	246	12	247	38	248	22	249	48	250	32	251	58	252	84
5	306	08	307	65	309	22	310	27	311	85	312	90	314	47	316	05
6	367	29	369	18	371	07	372	33	374	22	375	48	377	37	379	26
7	428	51	430	71	432	92	434	38	436	59	438	00	440	27	442	47
1 marc.	489	72	492	24	494	76	496	44	498	96	500	64	503	16	505	68

POIDS	14 k. 16 32es 604 mes		14 k. 18 32es 607 mes		14 k. 20 32es 609 mes		14 k. 22 32es 612 mes		14 k. 24 32es 615 mes		14 k. 26 32es 617 mes		14 k. 28 32es 620 mes		14 k. 30 32es 622 mes	
	f.	c.	f.	c.	f.	c.	f.	c.	f.	c.	f.	c.	f.	c.	f.	c.
1 grain.	»	11	»	11	»	11	»	11	»	11	»	11	»	11	»	11
2	»	22	»	22	»	22	»	22	»	22	»	22	»	22	»	23
3	»	33	»	33	»	33	»	33	»	34	»	34	»	34	»	34
4	»	44	»	44	»	44	»	45	»	45	»	45	»	45	»	45
5	»	55	»	55	»	56	»	56	»	56	»	56	»	56	»	56
6	»	66	»	66	»	67	»	67	»	67	»	67	»	68	»	68
12	1	32	1	33	1	33	1	34	1	34	1	35	1	36	1	36
18	1	98	1	99	2	»	2	01	2	02	2	03	2	04	2	04
24	2	64	2	65	2	66	2	68	2	69	2	70	2	71	2	72
36	3	96	3	98	3	99	4	01	4	03	4	05	4	07	4	08
48	5	29	5	31	5	33	5	35	5	38	5	40	5	43	5	44
54	5	94	5	97	5	99	6	02	6	05	6	07	6	09	6	12
60	6	61	6	64	6	67	6	69	6	73	6	75	6	77	6	80
1 gros.	7	93	7	97	7	99	8	03	8	07	8	10	8	14	8	16
2	15	85	15	93	15	99	16	06	16	14	16	20	16	28	16	32
3	23	78	23	90	23	97	24	09	24	21	24	30	24	41	24	48
4	31	71	31	86	31	97	32	13	32	28	32	39	32	55	32	65
5	39	64	39	83	39	97	40	16	40	35	40	50	40	69	40	82
6	47	57	47	80	47	95	48	19	48	43	48	59	48	82	48	99
7	55	49	55	76	55	95	56	23	56	50	56	68	56	96	57	15
1 once.	63	43	63	73	63	93	64	26	64	57	64	78	65	10	65	31
2	126	84	127	46	127	89	128	52	129	14	129	56	130	20	130	62
3	190	26	191	19	191	81	192	78	193	71	194	34	195	30	195	93
4	253	68	254	93	255	78	257	04	258	28	259	12	260	40	261	44
5	317	10	318	65	319	72	321	30	322	85	323	90	325	50	326	55
6	380	52	382	38	383	67	385	56	387	43	388	68	390	60	391	86
7	443	94	446	11	447	62	449	82	451	99	453	46	455	70	457	17
1 marc.	507	36	509	84	511	56	514	08	516	56	518	24	520	80	522	48

15 Karats.

POIDS	15 k. 625 mes		15 k. 2 32es 628 mes		15 k. 4 32es 630 mes		15 k. 6 32es 633 mes		15 k. 8 32es 635 mes		15 k. 10 32es 638 mes		15 k. 12 32es 641 mes		15 k. 14 32es 643 mes		15 k. 16 32es 646 mes		15 k. 18 32es 648 mes		15 k. 20 32es 651 mes		15 k. 22 32es 654 mes		15 k. 24 32es 656 mes		15 k. 26 32es 659 mes		15 k. 28 32es 661 mes		15 k. 30 32es 664 mes	
	f.	c.	f.	c.	f.	c.	f.	c.	f.	c.	f.	c.	f.	c.	f.	c.	f.	c.	f.	c.	f.	c.	f.	c.	f.	c.	f.	c.	f.	c.	f.	c.
1 grain.	»	11	»	11	»	11	»	12	»	12	»	12	»	12	»	12	»	12	»	12	»	12	»	12	»	12	»	12	»	12	»	12
2	»	23	»	23	»	23	»	23	»	23	»	23	»	23	»	23	»	23	»	23	»	24	»	24	»	24	»	24	»	24	»	24
3	»	34	»	34	»	35	»	35	»	35	»	35	»	35	»	35	»	35	»	35	»	35	»	36	»	36	»	36	»	36	»	36
4	»	46	»	46	»	46	»	46	»	46	»	46	»	47	»	47	»	47	»	47	»	47	»	48	»	48	»	48	»	48	»	48
5	»	57	»	57	»	57	»	58	»	58	»	58	»	58	»	59	»	59	»	59	»	59	»	60	»	60	»	60	»	60	»	60
6	»	68	»	69	»	69	»	69	»	69	»	70	»	70	»	70	»	71	»	71	»	71	»	72	»	72	»	72	»	72	»	73
12	1	37	1	37	1	38	1	38	1	39	1	39	1	40	1	41	1	41	1	42	1	42	1	43	1	43	1	44	1	44	1	45
18	2	05	2	06	2	07	2	06	2	08	2	09	2	10	2	11	2	12	2	13	2	13	2	14	2	15	2	16	2	17	2	18
24	2	73	2	75	2	75	2	77	2	78	2	79	2	80	2	81	2	82	2	83	2	85	2	86	2	87	2	88	2	89	2	90
36	4	10	4	12	4	13	4	15	4	16	4	19	4	20	4	22	4	24	4	25	4	27	4	29	4	30	4	32	4	33	4	35
48	5	46	5	49	5	50	5	54	5	56	5	58	5	61	5	63	5	65	5	66	5	69	5	72	5	74	5	77	5	78	5	81
54	6	15	6	18	6	20	6	24	6	25	6	28	6	31	6	33	6	36	6	37	6	41	6	44	6	46	6	49	6	50	6	53
60	6	83	6	87	6	89	6	93	6	94	6	98	7	01	7	03	7	07	7	08	7	12	7	15	7	18	7	21	7	23	7	26
1 gros.	8	20	8	24	8	27	8	31	8	33	8	37	8	41	8	44	8	48	8	50	8	54	8	58	8	61	8	65	8	67	8	71
2	16	40	16	48	16	54	16	61	16	67	16	74	16	82	16	88	16	95	17	01	17	09	17	17	17	22	17	30	17	35	17	43
3	24	60	24	73	24	81	24	93	25	»	25	12	25	24	25	36	25	43	25	51	25	63	25	75	25	83	25	95	26	03	26	14
4	32	81	32	97	33	07	33	23	33	33	33	49	33	65	33	78	33	92	34	02	34	17	34	34	34	44	34	59	34	70	34	86
5	41	01	41	21	41	34	41	54	41	67	41	87	42	06	42	19	42	38	42	53	42	73	42	92	43	05	43	24	43	38	43	58
6	49	21	49	46	49	61	49	85	50	»	50	25	50	48	50	63	50	87	51	03	51	26	51	50	51	66	51	89	52	05	52	29
7	57	41	57	70	57	88	58	15	58	34	58	62	58	89	59	07	59	35	59	54	59	81	60	09	60	27	60	54	60	73	61	01
1 once.	65	61	65	94	66	15	66	46	66	67	66	99	67	36	67	56	67	84	68	04	68	35	68	67	68	88	69	19	69	40	69	72
2	131	24	131	88	132	30	132	93	133	35	133	98	134	61	135	02	135	66	136	08	136	71	137	34	137	76	138	39	138	81	139	44
3	196	86	197	82	198	45	199	39	200	02	200	97	201	91	202	53	203	19	204	13	205	06	206	01	206	64	207	58	208	21	209	16
4	262	48	263	76	264	60	265	86	266	70	267	90	268	94	270	06	271	18	272	16	273	43	274	68	275	52	276	78	277	62	278	88
5	328	10	329	70	330	75	332	33	333	33	334	93	336	52	337	68	339	15	340	20	341	78	343	35	344	40	345	98	347	03	348	60
6	393	72	395	64	396	90	398	79	400	05	401	94	403	83	405	69	406	98	408	24	410	13	412	02	413	28	415	17	416	43	418	32
7	459	31	461	58	463	05	465	25	466	73	468	93	471	14	472	64	474	81	476	28	478	40	480	69	482	16	484	37	485	84	488	64
1 marc.	524	96	527	52	529	20	531	72	533	40	535	92	538	44	540	12	542	64	544	52	546	84	549	36	551	04	553	56	555	21	557	76

16 Karats.

POIDS	16 k. 667 mes		16 k. 2 32es 669 mes		16 k. 4 32es 672 mes		16 k. 6 32es 674 mes		16 k. 8 32es 677 mes		16 k. 10 32es 680 mes		16 k. 12 32es 682 mes		16 k. 14 32es 685 mes	
	f.	c.	f.	c.	f.	c.	f.	c.	f.	c.	f.	c.	f.	c.	f.	c.
1 grain.	»	12	»	12	»	12	»	12	»	12	»	12	»	12	»	12
2	»	24	»	24	»	24	»	25	»	25	»	25	»	25	»	25
3	»	36	»	37	»	37	»	37	»	37	»	37	»	37	»	37
4	»	49	»	49	»	49	»	49	»	49	»	50	»	50	»	50
5	»	61	»	61	»	61	»	61	»	62	»	62	»	62	»	62
6	»	73	»	73	»	73	»	74	»	74	»	74	»	75	»	75
12	1	46	1	46	1	47	1	47	1	48	1	49	1	49	1	50
18	2	19	2	19	2	20	2	21	2	22	2	23	2	24	2	24
24	2	92	2	93	2	94	2	95	2	96	2	97	2	98	3	»
36	4	37	4	39	4	41	4	42	4	44	4	46	4	47	4	49
48	5	83	5	85	5	88	5	90	5	93	5	95	5	97	5	99
54	6	56	6	59	6	62	6	64	6	66	6	69	6	71	6	75
60	7	29	7	32	7	35	7	38	7	40	7	43	7	46	7	49
1 gros.	8	75	8	78	8	82	8	85	8	88	8	92	8	95	8	99
2	17	50	17	56	17	64	17	70	17	77	17	85	17	90	17	98
3	26	26	26	34	26	46	26	54	26	65	26	77	26	85	26	97
4	35	01	35	12	35	28	35	38	35	54	35	70	35	80	35	96
5	43	77	43	90	44	10	44	23	44	43	44	63	44	76	44	95
6	52	53	52	68	52	92	53	07	53	31	53	55	53	71	53	94
7	61	28	61	46	61	74	61	92	62	20	62	48	62	66	62	93
1 once.	70	03	70	24	70	56	70	77	71	08	71	40	71	61	71	92
2	140	07	140	49	141	12	141	54	142	17	142	80	143	22	143	85
3	210	10	210	73	211	68	212	31	213	25	214	20	214	83	215	77
4	280	14	280	98	282	24	283	08	284	34	285	60	286	44	287	70
5	350	18	351	23	352	80	353	85	355	43	357	»	358	05	359	63
6	420	21	421	47	423	36	424	62	426	51	428	40	429	66	431	55
7	490	25	491	72	493	92	495	39	497	60	499	80	501	27	503	48
1 marc.	560	28	561	96	564	48	566	16	568	68	571	20	572	88	575	40

POIDS	16 k. 16 32es 688 mes		16 k. 18 32es 690 mes		16 k. 20 32es 693 mes		16 k. 22 32es 695 mes		16 k. 24 32es 698 mes		16 k. 26 32es 701 mes		17 k. 28 32es 703 mes		16 k. 30 32es 706 mes	
	f.	c.	f.	c.	f.	c.	f.	c.	f.	c.	f.	c.	f.	c.	f.	c.
1 grain.	»	13	»	13	»	13	»	13	»	13	»	13	»	13	»	13
2	»	25	»	25	»	25	»	25	»	25	»	26	»	26	»	26
3	»	38	»	38	»	38	»	38	»	38	»	38	»	38	»	39
4	»	50	»	50	»	50	»	51	»	51	»	51	»	51	»	51
5	»	63	»	63	»	63	»	63	»	64	»	64	»	64	»	64
6	»	75	»	75	»	76	»	76	»	76	»	77	»	77	»	77
12	1	50	1	51	1	51	1	52	1	53	1	53	1	54	1	54
18	2	26	2	26	2	27	2	28	2	29	2	30	2	31	2	31
24	3	01	3	02	3	03	3	04	3	05	3	07	3	08	3	09
36	4	51	4	53	4	55	4	56	4	58	4	60	4	61	4	63
48	6	02	6	04	6	06	6	08	6	11	6	13	6	16	6	18
54	6	77	6	80	6	82	6	84	6	87	6	90	6	92	6	96
60	7	53	7	55	7	58	7	60	7	63	7	67	7	69	7	73
1 gros.	9	03	9	06	9	09	9	12	9	16	9	20	9	23	9	27
2	18	06	18	12	18	19	18	24	18	32	18	40	18	46	18	54
3	27	09	27	17	27	28	27	36	27	48	27	60	27	68	27	81
4	36	12	36	22	36	38	36	48	36	65	36	80	36	90	37	06
5	45	15	45	28	45	48	45	61	45	81	46	»	46	13	46	32
6	54	18	54	33	54	57	54	73	54	97	55	20	55	35	55	59
7	63	21	63	39	63	67	63	85	64	13	64	40	64	58	64	86
1 once.	72	24	72	45	72	76	72	97	73	29	73	60	73	81	74	13
2	144	48	144	90	145	53	145	95	146	58	147	21	147	63	148	26
3	216	72	217	35	218	29	218	92	219	87	220	81	221	44	222	39
4	288	96	289	80	291	06	291	90	293	16	294	42	295	26	296	52
5	361	20	362	25	363	82	364	88	366	45	368	03	369	08	370	65
6	433	44	434	70	436	59	437	85	439	74	441	63	442	89	444	78
7	505	68	507	15	509	36	510	83	513	03	515	24	516	71	518	91
1 marc.	577	92	579	60	582	12	583	80	586	32	588	84	590	52	593	04

17 Karats.

POIDS	17 k. 708 mes		17 k. 2 32es 711 mes		17 k. 4 32es 714 mes		17 k. 6 32es 716 mes		17 k. 8 32es 719 mes		17 k. 10 32es 721 mes		17 k. 12 32es 724 mes		17 k. 14 32es 727 mes	
	f.	c.	f.	c.	f.	c.	f.	c.	f.	c.	f.	c.	f.	c.	f.	c.
1 grain.	»	13	»	13	»	13	»	13	»	13	»	13	»	13	»	13
2	»	26	»	26	»	26	»	26	»	26	»	26	»	26	»	27
3	»	39	»	39	»	39	»	39	»	39	»	39	»	40	»	40
4	»	51	»	52	»	52	»	52	»	52	»	53	»	53	»	53
5	»	64	»	65	»	65	»	65	»	66	»	66	»	66	»	66
6	»	77	»	78	»	78	»	78	»	79	»	79	»	79	»	79
12	1	55	1	55	1	56	1	57	1	57	1	58	1	58	1	59
18	2	32	2	33	2	34	2	35	2	36	2	36	2	37	2	38
24	3	10	3	11	3	12	3	13	3	15	3	15	3	17	3	18
36	4	64	4	66	4	68	4	70	4	72	4	73	4	75	4	77
48	6	19	6	22	6	25	6	27	6	29	6	31	6	33	6	36
54	6	97	7	»	7	03	7	05	7	08	7	10	7	13	7	16
60	7	74	7	78	7	81	7	83	7	87	7	88	7	92	7	95
1 gros.	9	29	9	33	9	37	9	40	9	44	9	46	9	50	9	54
2	18	58	18	66	18	74	18	80	18	88	18	92	19	»	19	08
3	27	87	27	99	28	11	28	20	28	31	28	38	28	50	28	62
4	37	17	37	32	37	48	37	59	37	74	37	85	38	01	38	16
5	46	47	46	66	46	86	46	98	47	17	47	32	47	52	47	71
6	55	76	55	99	56	23	56	38	56	61	56	78	57	02	57	25
7	65	05	65	32	65	60	65	78	66	05	66	24	66	52	66	79
1 once.	74	34	74	65	74	97	75	18	75	49	75	70	76	02	76	33
2	148	68	149	31	149	91	150	36	150	99	151	41	152	04	152	67
3	223	02	223	96	224	91	225	54	226	48	227	11	228	06	229	»
4	297	36	298	62	299	88	300	72	301	98	302	82	304	08	305	31
5	371	70	373	28	374	85	375	90	377	48	378	53	380	10	381	68
6	446	04	447	93	449	82	451	08	452	97	454	23	456	12	458	01
7	520	38	522	59	524	79	526	26	528	47	529	91	532	14	534	35
1 marc.	594	72	597	24	599	76	601	44	603	96	605	64	608	16	610	68

POIDS	17 k. 16 32es 729 mes		17 k. 18 32es 732 mes		17 k. 20 32es 734 mes		17 k. 22 32es 737 mes		17 k. 24 32es 740 mes		17 k. 26 32es 742 mes		17 k. 28 32es 745 mes		17 k. 30 33es 747 mes	
	f.	c.	f.	c.	f.	c.	f.	c.	f.	c.	f.	c.	f.	c.	f.	c.
1 grain.	»	13	»	13	»	13	»	13	»	13	»	14	»	14	»	14
2	»	27	»	27	»	27	»	27	»	27	»	27	»	27	»	27
3	»	40	»	40	»	40	»	40	»	40	»	41	»	41	»	41
4	»	53	»	53	»	53	»	54	»	54	»	54	»	54	»	54
5	»	66	»	67	»	67	»	67	»	67	»	68	»	68	»	68
6	»	80	»	80	»	80	»	81	»	81	»	81	»	81	»	82
12	1	59	1	60	1	61	1	61	1	62	1	62	1	63	1	63
18	2	39	2	40	2	42	2	41	2	43	2	44	2	44	2	45
24	3	19	3	20	3	21	3	22	3	24	3	25	3	26	3	27
36	4	78	4	80	4	81	4	83	4	85	4	87	4	89	4	90
48	6	38	6	41	6	42	6	45	6	47	6	49	6	52	6	53
54	7	18	7	21	7	21	7	26	7	28	7	30	7	34	7	35
60	7	98	8	01	8	02	8	06	8	09	8	12	8	15	8	17
1 gros.	9	57	9	61	9	63	9	67	9	71	9	74	9	78	9	80
2	19	14	19	22	19	26	19	34	19	42	19	48	19	56	19	60
3	28	71	28	83	28	90	29	01	29	13	29	23	29	34	29	41
4	38	27	38	43	38	53	38	69	38	85	38	95	39	11	39	22
5	47	83	48	03	48	17	48	37	48	57	48	69	48	88	49	02
6	57	40	57	64	57	81	58	04	58	28	58	43	58	66	58	83
7	66	97	67	25	67	44	67	71	67	99	68	17	68	44	68	63
1 once.	76	54	76	86	77	07	77	38	77	70	77	91	78	22	78	43
2	153	09	153	72	154	14	154	77	155	40	155	82	156	45	156	87
3	229	63	230	58	231	21	232	15	233	10	233	73	234	67	235	30
4	306	18	307	44	308	28	309	54	310	80	311	64	312	90	313	71
5	382	73	384	30	385	35	386	93	388	50	389	55	391	13	392	18
6	459	27	461	16	462	42	464	31	466	20	467	46	469	35	470	61
7	535	82	538	02	539	49	541	70	543	90	545	37	547	58	549	05
1 marc.	612	36	614	88	616	56	619	08	621	60	623	28	625	80	627	48

18 Karats.

POIDS	18 k. 750 mes f.	c.	18 k. 2 32es 753 mes f.	c.	18 k. 4 32es 755 mes f.	c.	18 k. 6 32es 758 mes f.	c.	18 k. 8 32es 760 mes f.	c.	18 k. 10 32es 763 mes f.	c.	18 k. 12 32es 766 mes f.	c.	18 k. 14 32es 768 mes f.	c.	18 k. 16 32es 771 mes f.	c.	18 k. 18 32es 773 mes f.	c.	18 k. 20 32es 776 mes f.	c.	18 k. 22 32es 779 mes f.	c.	18 k. 24 32es 781 mes f.	c.	18 k. 26 32es 784 mes f.	c.	18 k. 28 32es 786 mes f.	c.	18 k. 30 32es 789 mes f.	c.
1 grain.	»	14	»	14	»	14	»	14	»	14	»	14	»	14	»	14	»	14	»	14	»	14	»	14	»	14	»	14	»	14	»	14
2	»	27	»	28	»	28	»	28	»	28	»	28	»	28	»	28	»	28	»	28	»	28	»	28	»	28	»	29	»	29	»	29
3	»	41	»	41	»	41	»	42	»	42	»	42	»	42	»	42	»	42	»	42	»	42	»	43	»	43	»	43	»	43	»	43
4	»	55	»	55	»	55	»	56	»	56	»	56	»	56	»	56	»	56	»	56	»	57	»	57	»	57	»	57	»	57	»	57
5	»	68	»	68	»	69	»	69	»	69	»	70	»	70	»	70	»	70	»	70	»	71	»	71	»	71	»	71	»	72	»	72
6	»	82	»	82	»	83	»	83	»	83	»	83	»	84	»	84	»	84	»	84	»	85	»	85	»	85	»	86	»	86	»	86
12	1	64	1	65	1	65	1	66	1	66	1	67	1	67	1	68	1	69	1	69	1	70	1	70	1	71	1	72	1	72	1	73
18	2	46	2	47	2	47	2	49	2	49	2	50	2	51	2	52	2	53	2	53	2	54	2	56	2	56	2	57	2	58	2	59
24	3	28	3	29	3	30	3	32	3	32	3	34	3	35	3	36	3	37	3	38	3	40	3	41	3	42	3	43	3	44	3	45
36	4	92	4	94	4	95	4	97	4	98	5	»	5	02	5	04	5	06	5	07	5	09	5	11	5	13	5	14	5	16	5	18
48	6	56	6	59	6	61	6	63	6	65	6	67	6	70	6	72	6	75	6	76	6	79	6	81	6	83	6	86	6	88	6	90
54	7	38	7	41	7	44	7	46	7	48	7	51	7	54	7	56	7	59	7	61	7	64	7	66	7	69	7	72	7	74	7	76
60	8	20	8	23	8	26	8	29	8	31	8	34	8	38	8	40	8	43	8	45	8	48	8	52	8	54	8	57	8	60	8	62
1 gros.	9	84	9	88	9	91	9	95	9	97	10	01	10	05	10	08	10	12	10	14	10	18	10	22	10	25	10	29	10	32	10	35
2	19	68	19	76	19	82	19	90	19	95	20	02	20	10	20	16	20	24	20	29	20	37	20	44	20	50	20	58	20	64	20	71
3	29	53	29	64	29	73	29	85	29	92	30	04	30	16	30	24	30	36	30	43	30	55	30	67	30	75	30	87	30	95	31	06
4	39	38	39	53	39	63	39	79	39	90	40	06	40	21	40	32	40	47	40	58	40	74	40	89	41	»	41	16	41	26	41	42
5	49	22	49	42	49	54	49	74	49	83	50	07	50	27	50	40	50	59	50	73	50	93	51	12	51	25	51	45	51	58	51	78
6	59	07	59	30	59	45	59	69	59	85	60	09	60	33	60	48	60	71	60	87	61	11	61	35	61	50	61	74	61	89	62	13
7	68	91	69	18	69	36	69	64	69	83	70	10	70	38	70	56	70	83	71	02	71	30	71	57	71	75	72	03	72	21	72	49
1 once.	78	75	79	06	79	27	79	59	79	80	80	11	80	43	80	64	80	95	81	16	81	48	81	79	82	»	82	32	82	53	82	84
2	157	50	158	13	158	55	159	18	159	60	160	23	160	86	161	28	161	91	162	33	162	96	163	59	164	01	164	64	165	06	165	69
3	236	25	237	19	237	82	238	77	239	40	240	34	241	29	241	92	242	86	243	49	244	44	245	38	246	01	246	96	247	59	248	53
4	315	»	316	26	317	10	318	36	319	20	320	46	321	72	322	56	323	82	324	66	325	92	327	18	328	02	329	28	330	12	331	38
5	393	75	395	32	396	38	397	95	399	00	400	58	402	15	403	20	404	78	405	83	407	40	408	98	410	03	411	60	412	65	414	23
6	472	50	474	39	475	65	477	54	478	80	480	69	482	58	483	84	485	73	486	99	488	88	490	77	492	03	493	92	495	18	497	07
7	551	25	553	46	554	93	557	13	558	60	560	81	563	01	564	48	566	69	568	16	570	36	572	57	574	04	576	24	577	71	579	92
1 marc.	630	»	632	52	634	20	636	71	638	40	640	92	643	44	645	12	647	64	649	32	651	84	654	36	656	04	658	56	660	24	662	76

19 Karats.

Columns 1–8:

POIDS	19k. 792 mes		19k. 2 32es 794 mes		19k. 4 32es 797 mes		19k. 6 32es 799 mes		19k. 8 32es 802 mes		19k. 10 32es 805 mes		19k. 12 32es 807 mes		19k. 14 32es 810 mes	
	f.	c.	f.	c.	f.	c.	f.	c.	f.	c.	f.	c.	f.	c.	f.	c.
1 grain.	»	14	»	14	»	15	»	15	»	15	»	15	»	15	»	15
2	»	29	»	29	»	29	»	29	»	29	»	30	»	30	»	30
3	»	43	»	43	»	44	»	44	»	44	»	44	»	44	»	44
4	»	58	»	58	»	58	»	58	»	58	»	58	»	59	»	59
5	»	72	»	72	»	73	»	73	»	73	»	73	»	73	»	74
6	»	87	»	87	»	87	»	87	»	88	»	88	»	88	»	89
12	1	73	1	74	1	74	1	75	1	75	1	76	1	76	1	77
18	2	60	2	60	2	61	2	62	2	63	2	64	2	65	2	66
24	3	46	3	47	3	49	3	50	3	51	3	52	3	53	3	54
36	5	20	5	21	5	23	5	24	5	26	5	28	5	29	5	31
48	6	93	6	95	6	97	6	99	7	02	7	04	7	06	7	09
54	7	79	7	82	7	85	7	87	7	90	7	92	7	94	7	97
60	8	66	8	68	8	72	8	74	8	78	8	80	8	83	8	86
1 gros.	10	39	10	42	10	46	10	49	10	53	10	56	10	59	10	63
2	20	79	20	84	20	93	20	97	21	06	21	13	21	18	21	26
3	31	18	31	26	31	38	31	46	31	58	31	69	31	77	31	89
4	41	58	41	69	41	84	41	94	42	10	42	26	42	37	42	53
5	51	98	52	11	52	30	52	43	52	63	52	83	52	96	53	16
6	62	37	62	53	62	76	62	92	63	15	63	39	63	55	63	79
7	72	77	72	95	73	22	73	40	73	68	73	96	74	15	74	42
1 once.	83	16	83	37	83	68	83	89	84	21	84	52	84	75	85	05
2	165	32	166	74	167	37	167	79	168	42	169	05	169	47	170	10
3	249	48	250	11	251	05	251	68	252	63	253	57	254	21	255	15
4	332	64	333	48	334	74	335	58	336	84	338	10	338	94	340	20
5	415	80	416	85	418	43	419	48	421	05	422	63	423	69	425	25
6	498	96	500	22	502	11	503	37	505	26	507	15	508	44	510	30
7	582	12	583	59	585	80	587	27	589	47	591	68	593	19	595	35
1 marc.	665	28	666	96	669	48	671	16	673	68	676	20	677	88	680	40

Columns 9–16:

POIDS	19k. 16 32es 813 mes		19k. 18 32es 815 mes		19k. 20 32es 818 mes		19k. 22 32es 820 mes		19k. 24 32es 823 mes		19k. 26 32es 826 mes		19k. 28 32es 828 mes		19k. 30 32es 831 mes	
	f.	c.	f.	c.	f.	c.	f.	c.	f.	c.	f.	c.	f.	c.	f.	c.
1 grain.	»	15	»	15	»	15	»	15	»	15	»	15	»	15	»	15
2	»	30	»	30	»	30	»	30	»	30	»	30	»	30	»	30
3	»	44	»	45	»	45	»	45	»	45	»	45	»	45	»	45
4	»	59	»	59	»	60	»	60	»	60	»	60	»	60	»	61
5	»	74	»	74	»	75	»	75	»	75	»	75	»	75	»	76
6	»	89	»	89	»	89	»	90	»	90	»	90	»	91	»	91
12	1	78	1	78	1	79	1	79	1	80	1	81	1	81	1	82
18	2	67	2	67	2	68	2	69	2	70	2	71	2	72	2	73
24	3	56	3	57	3	58	3	59	3	60	3	61	3	62	3	64
36	5	33	5	35	5	37	5	38	5	40	5	42	5	43	5	45
48	7	11	7	13	7	16	7	17	7	20	7	23	7	25	7	27
54	8	»	8	03	8	06	8	07	8	10	8	13	8	15	8	18
60	8	89	8	92	8	95	8	97	9	»	9	03	9	06	9	09
1 gros.	10	67	10	70	10	74	10	76	10	80	10	84	10	87	10	91
2	21	34	21	40	21	48	21	52	21	60	21	68	21	74	21	82
3	32	01	32	10	32	21	32	28	32	40	32	52	32	61	32	72
4	42	68	42	78	42	94	43	05	43	21	43	36	43	47	43	62
5	53	31	53	47	53	68	53	82	54	01	54	21	54	33	54	53
6	64	02	64	17	64	45	64	58	64	81	65	05	65	20	65	44
7	74	64	74	87	75	15	75	34	75	61	75	89	76	07	76	34
1 once.	85	38	85	57	85	89	86	10	86	41	86	73	86	94	87	25
2	170	73	171	15	171	78	172	30	172	83	173	46	173	88	174	51
3	256	09	256	72	257	67	258	30	259	24	260	19	260	82	261	76
4	341	44	342	28	343	56	344	40	345	66	346	92	347	76	349	02
5	426	85	427	88	429	45	430	50	432	08	433	65	434	70	436	28
6	512	19	513	45	515	37	516	60	518	49	520	38	521	66	523	55
7	597	05	599	03	601	23	602	70	604	91	607	11	608	58	610	79
1 marc.	682	90	684	60	687	12	688	80	691	32	693	84	695	52	698	04

20 Karats.

POIDS	20 k. 833 mes		20 k. 2 32es 836 mes		20 k. 4 32es 839 mes		20 k. 6 32es 841 mes		20 k. 8 32es 844 mes		20 k. 10 32es 846 mes		20 k. 12 32es 849 mes		20 k. 14 32es 852 mes	
	f.	c.	f.	c.	f.	c.	f.	c.	f.	c.	f.	c.	f.	c.	f.	c.
1 grain.	»	15	»	15	»	15	»	15	»	15	»	15	»	15	»	16
2	»	30	»	30	»	31	»	31	»	31	»	31	»	31	»	31
3	»	45	»	46	»	46	»	46	»	46	»	46	»	47	»	47
4	»	61	»	61	»	61	»	62	»	62	»	62	»	62	»	62
5	»	76	»	76	»	76	»	77	»	77	»	77	»	77	»	78
6	»	91	»	91	»	92	»	92	»	92	»	92	»	93	»	93
12	1	82	1	83	1	84	1	84	1	85	1	85	1	86	1	86
18	2	73	2	74	2	75	2	76	2	77	2	77	2	78	2	79
24	3	64	3	66	3	67	3	68	3	69	3	70	3	71	3	73
36	5	46	5	48	5	50	5	52	5	54	5	55	5	57	5	59
48	7	29	7	31	7	34	7	36	7	39	7	40	7	43	7	45
54	8	20	8	23	8	26	8	28	8	31	8	33	8	36	8	39
60	9	11	9	14	9	18	9	20	9	23	9	25	9	28	9	32
1 gros.	10	93	10	97	11	01	11	04	11	08	11	10	11	13	11	18
2	21	86	21	94	22	02	22	07	22	16	22	20	22	28	22	36
3	32	79	32	92	33	03	33	11	33	23	33	31	33	43	33	54
4	43	73	43	89	44	04	44	15	44	31	44	41	44	57	44	73
5	54	67	54	86	55	06	55	19	55	39	55	52	55	72	55	92
6	65	60	65	84	66	07	66	23	66	46	66	63	66	86	67	10
7	76	53	76	81	77	08	77	26	77	54	77	73	78	»	78	28
1 once.	87	46	87	78	88	09	88	30	88	62	88	83	89	14	89	46
2	174	93	175	56	176	19	176	61	177	24	177	66	178	29	178	92
3	262	39	263	34	264	28	264	91	265	86	266	49	267	43	268	38
4	349	86	351	12	352	38	353	22	354	48	355	32	356	58	357	84
5	437	33	438	90	440	48	441	53	443	10	444	15	445	73	447	30
6	524	79	526	68	528	57	529	83	531	72	532	98	534	87	536	76
7	612	26	614	46	616	67	618	14	620	34	621	81	624	02	626	22
1 marc.	699	72	702	24	704	76	706	44	708	96	710	64	713	16	715	68

POIDS	20 k. 16 32es 854 mes		20 k. 18 32es 857 mes		20 k. 20 32es 859 mes		20 k. 22 32es 862 mes		20 k. 24 32es 865 mes		20 k. 26 32es 867 mes		20 k. 28 32es 870 mes		20 k. 30 32es 872 mes	
	f.	c.	f.	c.	f.	c.	f.	c.	f.	c.	f.	c.	f.	c.	f.	c.
1 grain.	»	16	»	16	»	16	»	16	»	16	»	16	»	16	»	16
2	»	31	»	31	»	31	»	31	»	32	»	32	»	32	»	32
3	»	47	»	47	»	47	»	47	»	47	»	47	»	48	»	48
4	»	62	»	62	»	62	»	63	»	63	»	63	»	63	»	64
5	»	78	»	78	»	78	»	79	»	79	»	79	»	79	»	80
6	»	93	»	94	»	94	»	94	»	95	»	95	»	95	»	95
12	1	87	1	87	1	88	1	88	1	89	1	90	1	90	1	91
18	2	80	2	81	2	82	2	83	2	84	2	84	2	85	2	86
24	3	74	3	75	3	76	3	77	3	78	3	79	3	81	3	81
36	5	60	5	62	5	63	5	65	5	67	5	69	5	71	5	72
48	7	47	7	50	7	51	7	54	7	57	7	59	7	61	7	63
54	8	41	8	44	8	45	8	48	8	51	8	54	8	57	8	58
60	9	34	9	38	9	39	9	43	9	46	9	48	9	52	9	53
1 gros.	11	21	11	25	11	27	11	31	11	35	11	38	11	42	11	44
2	22	42	22	50	22	55	22	63	22	70	22	76	22	84	22	89
3	33	63	33	75	33	82	33	94	34	06	34	14	34	26	34	33
4	44	83	44	99	45	09	45	25	45	41	45	51	45	67	45	78
5	56	04	56	23	56	37	56	57	56	76	56	89	57	09	57	23
6	67	25	67	48	67	64	67	85	68	12	68	27	68	51	68	67
7	78	46	78	73	78	92	79	20	79	47	79	65	79	93	80	12
1 once.	89	67	89	98	90	19	90	51	90	82	91	03	91	35	91	56
2	179	34	179	97	180	39	181	02	181	65	182	07	182	70	183	12
3	269	01	269	93	270	58	271	53	272	47	273	10	274	05	274	68
4	358	68	359	91	360	78	362	04	363	30	364	14	365	40	366	24
5	448	35	449	93	450	98	452	55	454	13	455	18	456	75	457	80
6	538	02	539	91	541	17	543	06	544	95	546	21	548	10	549	36
7	627	69	629	90	631	37	633	57	635	78	637	25	639	45	640	92
1 marc.	717	36	719	88	721	56	724	08	726	60	728	28	730	80	732	48

21 Karats.

POIDS	21 k. 875 mes f.	c.	21 k. 2 32es 878 mes f.	c.	21 k. 4 32es 880 mes f.	c.	21 k. 6 32es 883 mes f.	c.	21 k. 8 32es 885 mes f.	c.	21 k. 10 32es 888 mes f.	c.	21 k. 12 32es 891 mes f.	c.	21 k. 14 32es 893 mes f.	c.
1 grain.	»	16	»	16	»	16	»	16	»	16	»	16	»	16	»	16
2	»	32	»	32	»	32	»	32	»	32	»	32	»	32	»	33
3	»	48	»	48	»	48	»	48	»	48	»	49	»	49	»	49
4	»	64	»	64	»	64	»	64	»	64	»	65	»	65	»	65
5	»	80	»	80	»	80	»	80	»	81	»	81	»	81	»	81
6	»	96	»	96	»	96	»	97	»	97	»	97	»	97	»	98
12	1	91	1	92	1	92	1	93	1	93	1	94	1	95	1	95
18	2	87	2	88	2	89	2	90	2	90	2	91	2	92	2	93
24	3	83	3	84	3	85	3	86	3	87	3	88	3	90	3	91
36	5	74	5	76	5	77	5	79	5	80	5	82	5	84	5	86
48	7	65	7	68	7	70	7	73	7	74	7	77	7	79	7	81
54	8	61	8	64	8	66	8	69	8	71	8	74	8	77	8	79
60	9	57	9	60	9	63	9	66	9	68	9	71	9	74	9	77
1 gros.	11	48	11	52	11	55	11	59	11	61	11	65	11	69	11	72
2	22	96	23	05	23	10	23	18	23	23	23	31	23	38	23	44
3	34	45	34	57	34	63	34	77	34	84	34	96	35	08	35	16
4	45	93	46	09	46	20	46	35	46	46	46	62	46	77	46	88
5	57	42	57	62	57	75	57	94	58	08	58	28	58	47	58	60
6	68	91	69	15	69	30	69	53	69	69	69	93	70	17	70	32
7	80	39	80	67	80	85	81	12	81	31	81	59	81	86	82	04
1 once.	91	87	92	19	92	40	92	71	92	92	93	24	93	55	93	76
2	183	75	184	38	184	80	185	43	185	85	186	48	187	11	187	53
3	275	62	276	57	277	30	278	14	278	77	279	72	280	66	281	29
4	367	50	368	76	369	60	370	86	371	70	372	96	374	21	375	06
5	459	38	460	95	462	»	463	58	464	63	466	20	467	78	468	83
6	551	25	553	14	554	40	556	29	557	55	559	44	561	35	562	59
7	643	13	645	33	646	80	649	01	650	48	652	68	654	89	656	36
1 marc.	735	»	737	52	739	20	741	72	743	40	745	92	748	44	750	12

POIDS	21 k. 16 32es 896 mes f.	c.	21 k. 18 32es 898 mes f.	c.	21 k. 20 32es 901 mes f.	c.	21 k. 22 32es 904 mes f.	c.	21 k. 24 32es 906 mes f.	c.	21 k. 26 32es 909 mes f.	c.	21 k. 28 32es 911 mes f.	c.	21 k. 30 33es 914 mes f.	c.
1 grain.	»	16	»	16	»	16	»	16	»	17	»	17	»	17	»	17
2	»	33	»	33	»	33	»	33	»	33	»	33	»	33	»	33
3	»	49	»	49	»	49	»	49	»	50	»	50	»	50	»	50
4	»	65	»	66	»	66	»	66	»	66	»	66	»	66	»	67
5	»	81	»	82	»	82	»	82	»	83	»	83	»	83	»	83
6	»	98	»	98	»	98	»	99	»	99	»	99	1	»	1	»
12	1	96	1	96	1	97	1	98	1	98	1	99	1	99	2	»
18	2	94	2	95	2	95	2	96	2	97	2	98	2	99	3	»
24	3	93	3	93	3	94	3	95	3	96	3	98	3	99	4	»
36	5	88	5	89	5	91	5	93	5	95	5	96	5	98	6	»
48	7	84	7	86	7	88	7	91	7	93	7	95	7	97	8	»
54	8	82	8	84	8	87	8	90	8	92	8	95	8	97	9	»
60	9	80	9	83	9	85	9	88	9	91	9	94	9	97	10	»
1 gros.	11	76	11	79	11	82	11	86	11	89	11	93	11	96	12	»
2	23	52	23	58	23	65	23	73	23	78	23	86	23	92	23	99
3	35	28	35	36	35	47	35	59	35	67	35	79	35	87	35	99
4	47	04	47	14	47	30	47	46	47	56	47	72	47	82	47	98
5	58	80	58	93	59	13	59	33	59	46	59	62	59	78	59	98
6	70	56	70	71	70	95	71	19	71	35	71	58	71	73	71	98
7	82	32	82	50	82	78	83	06	83	24	83	51	83	69	83	97
1 once.	94	08	94	29	94	60	94	92	95	13	95	44	95	65	95	97
2	188	16	188	58	189	21	189	84	190	26	190	89	191	31	191	94
3	282	21	282	87	283	81	284	76	285	39	286	33	286	96	287	91
4	376	32	377	16	378	42	379	68	380	52	381	78	382	62	383	88
5	470	46	471	45	473	03	474	60	475	65	477	23	478	28	479	85
6	564	48	565	74	567	63	569	52	570	78	572	67	573	93	575	82
7	658	56	660	03	662	24	664	44	665	91	668	12	669	58	671	79
1 marc.	752	64	754	32	756	84	759	36	761	01	763	56	765	24	767	76

22 Karats.

POIDS	22 k. 917 mes — f.	c.	22 k. 2 32es 919 mes — f.	c.	22 k. 4 32es 922 mes — f.	c.	22 k. 6 32es 924 mes — f.	c.	22 k. 8 32es 927 mes — f.	c.	22 k. 10 32es 930 mes — f.	c.	22 k. 12 32es 932 mes — f.	c.	22 k. 14 32es 935 mes — f.	c.	22 k. 16 32es 938 mes — f.	c.	22 k. 18 32es 940 mes — f.	c.	22 k. 20 32es 943 mes — f.	c.	22 k. 22 32es 945 mes — f.	c.	22 k. 24 32es 948 mes — f.	c.	22 k. 26 32es 951 mes — f.	c.	22 k. 28 32es 953 mes — f.	c.	22 k. 30 32es 956 mes — f.	c.
1 grain	»	17	»	17	»	17	»	17	»	17	»	17	»	17	»	17	»	17	»	17	»	17	»	17	»	17	»	17	»	17	»	77
2	»	33	»	33	»	34	»	34	»	34	»	34	»	34	»	34	»	34	»	34	»	34	»	34	»	35	»	35	»	35	»	35
3	»	50	»	50	»	50	»	51	»	51	»	51	»	51	»	51	»	51	»	51	»	52	»	52	»	52	»	52	»	52	»	52
4	»	67	»	67	»	67	»	67	»	68	»	68	»	68	»	68	»	68	»	69	»	69	»	69	»	69	»	69	»	69	»	70
5	»	84	»	84	»	84	»	84	»	84	»	85	»	85	»	85	»	85	»	86	»	86	»	86	»	86	»	87	»	87	»	87
6	1	»	1	»	1	01	1	01	1	01	1	02	1	02	1	02	1	03	1	03	1	03	1	03	1	04	1	04	1	04	1	05
12	2	»	2	01	2	02	2	02	2	03	2	03	2	04	2	04	2	05	2	06	2	06	2	07	2	07	2	08	2	08	2	09
18	3	01	3	02	3	02	3	03	3	04	3	05	3	06	3	07	3	08	3	08	3	09	3	10	3	11	3	12	3	13	3	14
24	4	01	4	02	4	03	4	04	4	06	4	07	4	08	4	09	4	10	4	11	4	13	4	13	4	15	4	16	4	17	4	18
36	6	01	6	03	6	05	6	06	6	08	6	10	6	11	6	13	6	15	6	17	6	19	6	20	6	22	6	24	6	25	6	27
48	8	02	8	04	8	07	8	09	8	11	8	14	8	15	8	18	8	21	8	23	8	25	8	27	8	29	8	32	8	34	8	37
54	9	02	9	04	9	08	9	10	9	13	9	16	9	17	9	20	9	23	9	26	9	29	9	30	9	33	9	36	9	38	9	41
60	10	03	10	05	10	08	10	11	10	14	10	18	10	19	10	23	10	26	10	28	10	32	10	33	10	37	10	40	10	43	10	46
1 gros	12	03	12	06	12	10	12	13	12	17	12	21	12	23	12	27	12	31	12	34	12	38	12	40	12	44	12	48	12	51	12	55
2	24	07	24	12	24	20	24	26	24	33	24	43	24	46	24	54	24	62	24	68	24	76	24	80	24	88	24	96	25	02	25	10
3	36	10	36	18	36	30	36	39	36	50	36	62	36	69	36	82	36	93	37	01	37	13	37	20	37	33	37	44	37	52	37	65
4	48	14	48	24	48	40	48	51	48	66	48	82	48	93	49	09	49	25	49	35	49	50	49	61	49	76	49	93	50	03	50	19
5	60	18	60	31	60	51	60	63	60	83	61	03	61	17	61	36	61	56	61	69	61	88	62	02	62	21	62	41	62	54	62	73
6	72	21	72	37	72	61	72	76	73	»	73	23	73	40	73	63	73	87	74	02	74	25	74	42	74	66	74	89	75	04	75	28
7	84	25	84	43	84	71	84	89	85	16	85	44	85	63	85	90	86	18	86	36	86	63	86	82	87	10	87	37	87	55	87	83
1 once.	96	28	96	49	96	81	97	02	97	33	97	65	97	86	98	17	98	49	98	70	99	01	99	22	99	54	99	85	100	06	100	38
2	192	57	192	99	193	62	194	04	194	67	195	30	195	72	196	35	196	98	197	40	198	03	198	45	199	08	199	71	200	13	200	76
3	288	85	289	48	290	43	291	06	292	»	292	95	293	58	294	52	295	47	296	10	297	04	297	67	298	62	299	56	300	19	301	14
4	385	14	385	98	387	24	388	08	389	34	390	60	391	44	392	70	393	96	394	80	396	06	396	90	398	16	399	42	400	26	401	52
5	481	43	482	48	484	05	485	10	486	68	488	25	489	30	490	88	492	45	493	50	495	08	496	13	497	70	499	28	500	33	501	90
6	577	71	578	97	580	86	582	12	584	01	585	90	587	16	589	05	590	94	592	20	594	09	595	35	597	24	599	13	600	39	602	28
7	674	»	675	47	677	67	679	14	681	35	683	55	685	02	687	23	689	43	690	90	693	11	694	58	696	78	698	99	700	46	702	66
1 marc.	770	28	771	96	774	48	776	16	778	68	781	20	782	88	785	40	787	92	789	60	792	12	793	80	796	32	798	84	800	52	803	04

23 Karats.

POIDS	23 k. 958 mes f.	c.	23 k. 2 32es 961 mes f.	c.	23 k. 4 32es 964 mes f.	c.	23 k. 6 32es 966 mes f.	c.	23 k. 8 32es 969 mes f.	c.	23 k. 10 32es 971 mes f.	c.	23 k. 12 32es 974 mes f.	c.	23 k. 14 32es 977 mes f.	c.
1 grain.	»	17	»	18	»	18	»	18	»	18	»	18	»	18	»	18
2	»	35	»	35	»	35	»	35	»	35	»	35	»	35	»	36
3	»	52	»	53	»	53	»	53	»	53	»	53	»	53	»	53
4	»	70	»	70	»	70	»	70	»	71	»	71	»	71	»	71
5	»	87	»	88	»	88	»	88	»	88	»	88	»	89	»	89
6	1	05	1	05	1	05	1	06	1	06	1	06	1	06	1	07
12	2	10	2	10	2	11	2	11	2	12	2	12	2	13	2	14
18	3	14	3	15	3	16	3	17	3	18	3	18	3	19	3	20
24	4	19	4	20	4	22	4	23	4	24	4	25	4	26	4	27
36	6	28	6	30	6	33	6	34	6	36	6	37	6	39	6	41
48	8	38	8	41	8	43	8	45	8	48	8	49	8	52	8	55
54	9	43	9	46	9	49	9	51	9	54	9	56	9	59	9	62
60	10	47	10	51	10	54	10	57	10	60	10	62	10	65	10	68
1 gros.	12	57	12	61	12	65	12	68	12	72	12	74	12	78	12	82
2	25	14	25	21	25	30	25	36	25	44	25	48	25	56	25	64
3	37	72	37	83	37	95	38	04	38	16	38	23	38	35	38	47
4	50	29	50	45	50	61	50	71	50	87	50	97	51	13	51	29
5	62	87	63	07	63	27	63	39	63	58	63	72	63	92	64	12
6	75	45	75	68	75	92	76	07	76	30	76	47	76	71	76	91
7	88	02	88	29	88	57	88	75	89	02	89	21	89	49	89	76
1 once.	100	59	100	90	101	22	101	43	101	74	101	95	102	27	102	58
2	201	18	201	81	202	44	202	85	203	49	203	91	204	54	205	17
3	301	77	302	71	303	66	304	29	305	23	305	86	306	81	307	75
4	402	36	403	62	404	88	405	72	406	98	407	82	409	08	410	34
5	502	95	504	53	506	10	507	15	508	73	509	78	511	35	512	92
6	603	54	605	43	607	32	608	58	610	47	611	73	613	62	615	51
7	704	13	706	34	708	54	710	01	712	22	713	69	715	89	718	10
1 marc.	804	72	807	24	809	76	811	44	813	96	815	64	818	16	820	68

POIDS	23 k. 16 32es 979 mes f.	c.	23 k. 18 32es 982 mes f.	c.	23 k. 20 32es 984 mes f.	c.	23 k. 22 32es 987 mes f.	c.	23 k. 24 32es 990 mes f.	c.	23 k. 26 32es 992 mes f.	c.	23 k. 28 32es 995 mes f.	c.	23 k. 30 33es 997 mes f.	c.
1 grain.	»	18	»	18	»	18	»	18	»	18	»	18	»	18	»	18
2	»	36	»	36	»	36	»	36	»	36	»	36	»	36	»	36
3	»	54	»	54	»	54	»	54	»	54	»	54	»	54	»	54
4	»	71	»	72	»	72	»	72	»	72	»	72	»	73	»	73
5	»	89	»	89	»	90	»	90	»	90	»	90	»	91	»	91
6	1	07	1	07	1	08	1	08	1	08	1	08	1	09	1	09
12	2	14	2	15	2	15	2	16	2	16	2	17	2	18	2	18
18	3	21	3	22	3	23	3	24	3	24	3	25	3	26	3	27
24	4	28	4	30	4	30	4	32	4	33	4	34	4	35	4	36
36	6	42	6	44	6	46	6	47	6	49	6	51	6	53	6	54
48	8	57	8	59	8	61	8	63	8	66	8	68	8	71	8	72
54	9	64	9	67	9	68	9	71	9	75	9	77	9	80	9	81
60	10	71	10	74	10	76	10	79	10	83	10	85	10	88	10	90
1 gros.	12	85	12	89	12	91	12	95	12	99	13	02	13	06	13	08
2	25	70	25	78	25	83	25	90	25	98	26	04	26	12	26	17
3	38	55	38	67	38	74	38	85	38	98	39	06	39	18	39	25
4	51	39	51	55	51	66	51	81	51	97	52	08	52	23	52	34
5	64	24	64	44	64	58	64	77	64	97	65	10	65	29	65	43
6	77	09	77	33	77	49	77	73	77	97	78	12	78	35	78	51
7	89	94	90	22	90	41	90	68	90	96	91	14	91	41	91	60
1 once.	102	79	103	11	103	32	103	63	103	95	104	16	104	47	104	68
2	205	59	206	22	206	64	207	27	207	90	208	32	208	95	209	37
3	308	38	309	33	309	96	310	90	311	85	312	48	313	42	314	05
4	411	18	412	44	413	28	414	54	415	80	416	64	417	90	418	74
5	513	98	515	55	516	60	518	18	519	75	520	80	522	38	523	42
6	616	77	618	66	619	92	621	81	623	70	624	96	626	85	628	11
7	719	57	721	77	723	24	725	45	727	65	729	12	731	33	732	80
1 marc.	822	36	824	88	826	56	829	08	831	60	833	28	835	80	837	48

COMPTES FAITS POUR L'ARGENT.

La manière de faire usage des comptes faits pour l'argent est la même que pour l'or.

Le titre en deniers et grains et en millièmes se trouve en tête de chaque colonne, et, dans les diverses colonnes, sont les prix d'un poids quelconque. Ainsi, pour connaître la valeur de 6 marcs 6 onces 6 gros d'argent à 10 deniers 20 grains ou 903 millièmes, on cherche d'abord la colonne qui porte le titre ci-dessus ; ensuite, à gauche, le poids indiqué.

           f. c.

On trouve que 6 marcs valent 289—86.

  que 6 onces valent 36—23.

 Et que 6 gros valent 4—53.

     Total 330—62.

Donc 6 marcs 6 onces 6 gros d'argent à 6 den. 20 gr. ou 903 mᵉˢ, valent 330 fr. 62 c.

Dans le cas où l'on aurait à calculer d'après un titre et une valeur autres que ceux indiqués dans les tableaux , voici la règle la plus simple pour connaître la valeur d'un marc d'argent d'après son titre et le prix donné :

On multiplie, comme pour l'or, le titre en millièmes par la valeur donné à l'argent fin.

Exemple. Combien vaut un marc d'argent à 882 mᵉˢ, à raison de 54 fr. le fin ?

   On multiplie 882 mᵉˢ.

  par . . . . . . 54 fr.

      3528

     441o

     47,62|8

On supprime le dernier chiffre à droite, les autres donnent la valeur en francs et centimes ; ainsi l'argent susdit vaut 47 f. 62 c., plus une fraction qui doit être comptée pour 1 c.

Dans le cas, comme je l'ai déjà dit, où le prix donné à l'argent fin se composerait de fr. et de centimes, on supprimerait trois chiffres.

Exemple. Combien vaut un marc de l'argent à 10 den. 18 grains ou 896 millièmes, à raison de 53 fr. 50 cent. le marc ?

   On multiplie 896 mᵉˢ.

  par . . . . . . 5350 fr.

     44800

    2688

    4480

    47,93|600

Réponse : 47 fr. 93 cent.

Lorsqu'il se trouve, comme ici, une fraction de 600 millièmes de centimes, on doit la compter pour un centime ; ainsi à la rigueur, et en comptant cette fraction, la valeur serait de 47 fr. 94 centimes, comme elle est portée au tableau.

8 Deniers.

	8 den. 12 gr. 708	8 den. 13 gr. 712	8 den. 14 gr. 715	8 den. 15 gr. 719	8 den. 16 gr. 722	8 den. 17 gr. 726	8 den. 18 gr. 729	8 den. 19 gr. 733	8 den. 20 gr. 736	8 den. 21 gr. 740	8 den. 22 gr. 743	8 den. 23 gr. 747
1 gros.	59	59	60	60	60	61	61	61	61	62	62	62
2	1 18	1 19	1 20	1 20	1 20	1 22	1 22	1 22	1 23	1 24	1 24	1 25
3	1 77	1 79	1 79	1 80	1 81	1 82	1 83	1 84	1 85	1 86	1 87	1 87
4	2 37	2 38	2 39	2 40	2 42	2 42	2 44	2 45	2 46	2 47	2 49	2 50
5	2 95	2 97	2 99	3 01	3 02	3 03	3 05	3 06	3 07	3 09	3 10	3 12
6	3 55	3 57	3 58	3 61	3 63	3 63	3 65	3 68	3 69	3 71	3 72	3 74
7	4 14	4 17	4 18	4 21	4 23	4 24	4 26	4 29	4 31	4 33	4 35	4 37
1 once.	4 73	4 76	4 78	4 81	4 83	4 85	4 87	4 90	4 92	4 95	4 97	5 00
2	9 47	9 52	9 56	9 62	9 66	9 71	9 75	9 80	9 84	9 90	9 94	9 99
3	14 20	14 28	14 34	14 43	14 49	14 56	14 62	14 70	14 76	14 85	14 91	14 99
4	18 94	19 04	19 12	19 23	19 31	19 42	19 50	19 61	19 69	19 79	19 87	19 98
5	23 68	23 80	23 91	24 04	24 14	24 27	24 37	24 51	24 61	24 74	24 84	24 98
6	28 41	28 56	28 68	28 85	28 97	29 13	29 25	29 41	29 53	29 70	29 81	29 97
7	33 15	33 32	33 47	33 66	33 80	33 99	34 13	34 31	34 45	34 64	34 78	34 96
1 marc.	37 88	38 09	38 25	38 47	38 63	38 84	39 00	39 22	39 38	39 59	39 75	39 96
2	75 76	76 18	76 50	76 94	77 26	77 68	78 »	78 44	78 76	79 18	79 50	79 92
3	113 64	114 27	114 75	115 41	115 89	116 52	117 »	117 66	118 14	118 77	119 25	119 88
4	151 52	152 36	153 »	153 88	154 52	155 36	156 »	156 88	157 52	158 36	159 »	159 84
5	189 40	190 45	191 25	192 35	193 15	194 20	195 »	196 10	196 90	197 95	198 75	199 80
6	227 28	228 54	229 50	230 82	231 78	233 04	234 »	235 32	236 28	237 57	238 50	239 76
7	265 16	266 63	267 75	269 29	270 41	271 88	273 »	274 54	275 66	277 13	278 25	279 72
8	303 04	304 72	306 »	307 76	309 04	310 72	312 »	313 76	315 04	316 72	318 »	319 68
9	340 92	342 81	344 25	346 23	347 67	349 56	351 »	352 98	354 42	356 31	357 75	359 64
10	378 80	380 90	382 50	384 70	386 30	388 40	390 »	392 20	393 80	395 90	397 50	399 60
20	757 60	761 80	765 »	769 40	772 60	776 80	780 »	784 40	787 60	791 80	795 »	799 20
30	1136 40	1142 70	1147 50	1154 10	1158 90	1165 20	1170 »	1176 60	1181 40	1187 70	1192 50	1198 80
40	1515 20	1523 60	1530 »	1538 80	1545 20	1553 60	1560 »	1568 80	1575 20	1583 60	1590 »	1598 40
50	1894 »	1904 50	1912 50	1923 50	1931 50	1942 »	1950 »	1961 »	1969 »	1979 50	1987 50	1998 »
60	2272 80	2285 40	2295 »	2308 20	2317 80	2330 40	2340 »	2353 20	2362 80	2375 40	2385 »	2397 60
70	2651 60	2666 30	2677 50	2692 90	2704 10	2718 80	2730 »	2745 40	2756 60	2771 30	2782 50	2797 20
80	3030 40	3047 20	3060 »	3077 60	3090 40	3107 20	3120 »	3137 60	3150 40	3167 20	3180 »	3196 80
90	3409 20	3428 10	3442 50	3462 30	3476 70	3495 60	3510 »	3529 80	3544 20	3563 10	3577 50	3596 40
100	3788 »	3809 »	3825 »	3847 »	3863 »	3884 »	3900 »	3922 »	3938 »	3959 »	3975 »	3996 »

9 Deniers.

	9 den. » gr. 750	9 den. 1 gr. 753	9 den. 2 gr. 757	9 den. 3 gr. 760	9 den. 4 gr. 764	9 den. 5 gr. 767	9 den. 6 gr. 771	9 den. 7 gr. 774	9 den. 8 gr. 778	9 den. 9 gr. 781	9 den. 10 gr. 785	9 den. 11 gr. 788
1 gros.	» 63	» 63	» 63	» 63	» 64	» 64	» 64	» 65	» 65	» 65	» 66	» 66
2	1 25	1 26	1 26	1 27	1 28	1 28	1 29	1 30	1 30	1 30	1 32	1 32
3	1 88	1 89	1 90	1 90	1 92	1 92	1 91	1 94	1 95	1 95	1 97	1 98
4	2 50	2 52	2 53	2 54	2 56	2 56	2 58	2 59	2 60	2 61	2 63	2 64
5	3 13	3 15	3 16	3 18	3 19	3 21	3 22	3 24	3 25	3 27	3 28	3 29
6	3 76	3 78	3 80	3 81	3 83	3 85	3 87	3 88	3 90	3 92	3 93	3 95
7	4 38	4 41	4 43	4 45	4 47	4 49	4 52	4 53	4 55	4 57	4 59	4 61
1 once.	5 01	5 04	5 06	5 08	5 11	5 13	5 16	5 18	5 20	5 22	5 23	5 27
2	10 03	10 03	10 12	10 16	10 22	10 26	10 32	10 36	10 40	10 44	10 50	10 54
3	15 04	15 11	15 19	15 25	15 33	15 39	15 47	15 53	15 61	15 67	15 75	15 81
4	20 06	20 14	20 25	20 33	20 44	20 52	20 64	20 70	20 81	20 89	21 »	21 08
5	25 08	25 18	25 31	25 41	25 54	25 64	25 78	25 88	26 01	26 11	26 25	26 35
6	30 09	30 21	30 38	30 50	30 65	30 77	30 93	31 05	31 22	31 34	31 50	31 62
7	35 11	35 25	35 44	35 58	35 76	35 99	36 09	36 23	36 42	36 56	36 75	36 89
1 marc.	40 12	40 29	40 50	40 66	40 87	41 03	41 25	41 41	41 62	41 78	42 »	42 16
2	80 25	80 57	81 »	81 32	81 74	82 06	82 50	82 82	83 24	83 56	84 »	84 32
3	120 37	120 86	121 50	121 98	122 61	123 10	123 75	124 23	124 86	125 34	126 »	126 48
4	160 49	161 14	162 »	162 64	163 48	164 13	165 »	165 64	166 48	167 12	168 »	168 64
5	200 62	201 43	202 50	203 30	204 35	205 17	206 25	207 05	208 10	208 90	210 »	210 80
6	240 75	241 71	243 »	243 96	245 22	246 21	247 50	248 46	249 72	250 68	252 »	252 96
7	280 88	281 99	283 50	284 62	286 09	287 25	288 75	289 87	291 34	292 46	294 »	295 12
8	321 »	322 28	324 »	325 28	326 96	328 29	330 »	331 28	332 96	334 24	336 »	337 28
9	361 13	362 56	364 50	365 94	367 83	369 32	371 25	372 69	374 58	376 02	378 »	379 44
10	401 25	402 85	405 »	406 60	408 70	410 35	412 50	414 10	416 20	417 85	420 »	421 60
20	802 50	805 70	810 »	813 20	817 40	820 70	825 »	828 20	832 40	835 60	840 »	843 20
30	1203 75	1208 55	1215 »	1219 80	1226 10	1231 05	1237 50	1242 30	1248 60	1253 40	1260 »	1264 80
40	1605 »	1611 40	1620 »	1626 40	1634 80	1641 40	1650 »	1656 40	1664 80	1671 20	1680 »	1686 40
50	2006 25	2014 25	2025 »	2033 »	2043 50	2051 75	2062 50	2070 50	2081 »	2089 »	2100 »	2108 »
60	2407 50	2417 10	2430 »	2439 60	2452 20	2462 10	2475 »	2484 60	2497 20	2506 80	2520 »	2529 60
70	2808 75	2819 95	2835 »	2845 20	2860 90	2872 45	2887 50	2898 70	2913 40	2924 60	2940 »	2951 20
80	3210 »	3222 80	3240 »	3252 80	3269 60	3282 80	3300 »	3312 80	3329 60	3342 40	3360 »	3372 80
90	3611 25	3625 65	3645 »	3659 40	3678 30	3693 15	3712 50	3726 90	3745 80	3766 20	3780 »	3794 40
100	4012 50	4028 50	4050 »	4066 »	4087 »	4103 50	4125 »	4141 »	4162 »	4178 »	4200 »	4216 »

9 Deniers.

	9 den. 12 gr. 792	9 den. 13 gr. 795	9 den. 14 gr. 799	9 den. 15 gr. 802	9 den. 16 gr. 806	9 den. 17 gr. 809	9 den. 18 gr. 813	9 den. 19 gr. 816	9 den. 20 gr. 820	9 den. 21 gr. 823	9 den. 22 gr. 826	9 den. 23 gr. 830
	f. c.	f. c.	f. c.	f. c.	f. c.	f. c.	f. c.	f. c.	f. c.	f. c.	f. c.	f. c.
1 gros.	» 66	» 66	» 67	» 67	» 67	» 68	» 68	» 68	» 68	» 69	» 69	» 69
2	1 32	1 33	1 34	1 34	1 34	1 36	1 36	1 36	1 36	1 38	1 38	1 38
3	1 99	2 »	2 »	2 01	2 02	2 03	2 04	2 05	2 05	2 06	2 07	2 08
4	2 65	2 66	2 67	2 68	2 69	2 70	2 72	2 73	2 74	2 75	2 76	2 78
5	3 31	3 32	3 34	3 35	3 37	3 38	3 40	3 41	3 43	3 44	3 45	3 47
6	3 98	3 99	4 »	4 02	4 05	4 05	4 08	4 10	4 12	4 12	4 14	4 17
7	4 64	4 66	4 67	4 69	4 72	4 73	4 76	4 78	4 80	4 81	4 83	4 86
1 once.	5 30	5 32	5 34	5 36	5 39	5 41	5 44	5 46	5 48	5 50	5 52	5 55
2	10 60	10 64	10 68	10 72	10 78	10 82	10 88	10 92	10 96	11 »	11 04	11 10
3	15 89	15 95	16 03	16 09	16 17	16 23	16 31	16 37	16 45	16 51	16 57	16 65
4	21 19	21 27	21 37	21 45	21 56	21 64	21 75	21 83	21 93	22 02	22 09	22 20
5	26 48	26 58	26 72	26 82	26 95	27 05	27 19	27 29	27 42	27 52	27 62	27 75
6	31 77	31 89	32 07	32 19	32 34	32 46	32 62	32 74	32 91	33 03	33 15	33 30
7	37 07	37 21	37 41	37 55	37 73	37 87	38 06	38 20	38 39	38 53	38 67	38 85
1 marc.	42 37	42 53	42 75	42 91	43 12	43 28	43 50	43 66	43 87	44 03	44 19	44 40
2	84 74	85 06	85 50	85 82	86 24	86 56	87 »	87 32	87 74	88 06	88 38	88 80
3	127 11	127 59	128 25	128 73	129 36	129 84	130 50	130 98	131 61	132 09	132 57	133 20
4	169 48	170 12	171 »	171 64	172 48	173 12	174 »	174 64	175 48	176 12	176 76	177 60
5	211 85	212 65	213 75	214 55	215 60	216 40	217 50	218 30	219 35	220 15	220 95	222 »
6	254 22	255 18	256 50	257 46	258 72	259 68	261 »	261 96	263 22	264 18	265 14	266 40
7	296 59	297 71	299 25	300 37	301 84	302 96	304 50	305 62	307 09	308 21	309 33	310 80
8	338 96	340 24	342 »	343 28	344 96	346 24	348 »	349 28	350 96	352 24	353 52	355 20
9	381 33	382 77	384 75	386 19	388 08	389 52	391 50	392 94	394 83	396 27	397 71	399 60
10	423 70	425 30	427 50	429 10	431 20	432 80	435 »	436 60	438 70	440 30	441 90	444 »
20	847 40	850 60	855 »	858 20	862 40	865 60	870 »	873 20	877 40	880 60	883 80	888 »
30	1271 10	1275 90	1282 50	1287 30	1293 60	1298 40	1305 »	1309 80	1316 10	1320 90	1325 70	1332 »
40	1694 80	1701 20	1710 »	1716 40	1724 80	1731 20	1740 »	1746 40	1754 80	1761 20	1767 60	1776 »
50	2118 50	2126 50	2137 50	2145 50	2156 »	2164 »	2175 »	2183 »	2193 50	2201 50	2209 50	2220 »
60	2542 20	2551 80	2565 »	2574 60	2587 20	2596 80	2610 »	2619 60	2632 20	2641 80	2651 40	2664 »
70	2965 90	2977 10	2992 50	3003 70	3018 40	3029 60	3045 »	3056 20	3070 90	3082 10	3093 30	3108 »
80	3389 60	3402 40	3420 »	3432 80	3449 60	3462 40	3480 »	3492 80	3509 60	3522 40	3535 20	3552 »
90	3813 30	3827 70	3847 50	3861 90	3880 80	3895 20	3915 »	3929 40	3948 30	3962 70	3977 10	3996 »
100	4237 »	4253 »	4275 »	4291 »	4312 »	4328 »	4350 »	4366 »	4387 »	4403 »	4419 »	4440 »

10 Deniers.

	10 den. » gr. 833	10 den. 1 gr. 837	10 den. 2 gr. 840	10 den. 3 gr. 844	10 den. 4 gr. 847	10 den. 5 gr. 851	10 den. 6 gr. 854	10 den. 7 gr. 858	10 den. 8 gr. 861	10 den. 9 gr. 865	10 den. 10 gr. 868	10 den. 11 gr. 872
1 gros.	» 70	» 70	» 70	» 70	» 71	» 71	» 71	» 72	» 72	» 72	» 72	» 73
2	1 40	1 40	1 40	1 41	1 42	1 42	1 42	1 44	1 44	1 44	1 45	1 46
3	2 09	2 10	2 11	2 12	2 13	2 13	2 14	2 15	2 16	2 16	2 17	2 19
4	2 78	2 80	2 81	2 82	2 83	2 84	2 85	2 87	2 88	2 89	2 90	2 92
5	3 48	3 50	3 51	3 52	3 54	3 56	3 57	3 59	3 60	3 62	3 63	3 64
6	4 17	4 20	4 22	4 23	4 24	4 27	4 29	4 30	4 32	4 34	4 35	4 37
7	4 87	4 90	4 92	4 94	4 95	4 98	5 »	5 02	5 04	5 06	5 08	5 10
1 once.	5 57	5 60	5 62	5 64	5 66	5 69	5 71	5 74	5 76	5 78	5 80	5 83
2	11 14	11 20	11 24	11 28	11 32	11 38	11 42	11 48	11 52	11 57	11 61	11 66
3	16 71	16 80	16 86	16 93	16 99	17 07	17 13	17 22	17 28	17 36	17 42	17 49
4	22 28	22 39	22 47	22 57	22 65	22 77	22 84	22 95	23 03	23 14	23 22	23 33
5	27 86	27 98	28 08	28 22	28 32	28 46	28 56	28 68	28 78	28 92	29 02	29 16
6	33 43	33 58	33 70	33 87	33 99	34 15	34 27	34 42	34 54	34 71	34 83	34 99
7	39 »	39 18	39 32	39 51	39 65	39 84	39 98	40 16	40 30	40 50	40 64	40 82
1 marc.	44 57	44 78	44 94	45 15	45 31	45 53	45 69	45 90	46 06	46 28	46 44	46 65
2	89 14	89 56	89 88	90 30	90 62	91 06	91 38	91 80	92 12	92 56	92 88	93 30
3	133 71	134 34	134 82	135 45	135 93	136 59	137 07	137 70	138 18	138 84	139 32	139 95
4	178 28	179 12	179 76	180 60	181 24	182 12	182 76	183 60	184 24	185 12	185 76	186 60
5	222 85	223 90	224 70	225 75	226 55	227 65	228 46	229 50	230 30	231 40	232 20	233 25
6	267 42	268 68	269 64	270 90	271 86	273 18	274 14	275 40	276 36	277 68	278 64	279 90
7	311 99	313 46	314 58	316 05	317 17	318 71	319 83	321 30	322 42	323 96	325 08	326 55
8	356 56	358 24	359 52	361 20	362 48	364 24	365 52	367 20	368 48	370 24	371 52	373 20
9	401 13	403 02	404 46	406 35	407 79	409 77	411 21	413 10	414 54	416 52	417 96	419 85
10	445 70	447 80	449 40	451 50	453 10	455 30	456 90	459 »	460 60	462 80	464 40	466 50
20	891 40	895 60	898 80	903 »	906 20	910 60	913 80	918 »	921 20	925 60	928 80	933 »
30	1337 10	1343 40	1348 20	1354 50	1359 30	1365 90	1370 70	1377 »	1381 80	1388 40	1393 20	1399 50
40	1782 80	1791 20	1797 60	1806 »	1812 40	1821 20	1827 60	1836 »	1842 40	1851 20	1857 60	1866 »
50	2228 50	2239 »	2247 »	2257 50	2265 50	2276 50	2284 50	2295 »	2303 »	2314 »	2322 »	2332 50
60	2674 20	2686 80	2695 40	2709 »	2718 60	2731 80	2741 40	2754 »	2763 60	2776 80	2786 40	2799 »
70	3119 90	3134 60	3145 80	3160 50	3171 70	3187 10	3198 30	3213 »	3224 20	3239 60	3250 80	3265 50
80	3565 60	3582 40	3595 20	3612 »	3624 80	3642 40	3655 20	3672 »	3684 80	3702 40	3715 20	3732 »
90	4011 30	4030 20	4044 60	4063 50	4077 90	4097 70	4112 10	4131 »	4145 40	4165 20	4179 60	4198 50
100	4457 »	4478 »	4494 »	4515 »	4531 »	4553 »	4569 »	4590 »	4606 »	4628 »	4644 »	4665 »

10 Deniers.

	10 den. 12 gr. 875	10 den. 13 gr. 878	10 den. 14 gr. 882	10 den. 15 gr. 885	10 den. 16 gr. 889	10 den. 17 gr. 892	10 den. 18 gr. 896	10 den. 19 gr. 899	10 den. 20 gr. 903	10 den. 21 gr. 906	10 den. 22 gr. 910	10 den. 23 gr. 913
1 gros.	» 73	» 73	» 74	» 74	» 74	» 74	» 75	» 75	» 75	» 76	» 76	» 76
2	1 46	1 46	1 48	1 48	1 48	1 49	1 50	1 50	1 51	1 52	1 52	1 52
3	2 19	2 20	2 22	2 22	2 22	2 23	2 25	2 25	2 26	2 28	2 28	2 29
4	2 93	2 93	2 95	2 96	2 97	2 98	2 99	3 01	3 02	3 03	3 04	3 05
5	3 66	3 67	3 68	3 70	3 72	3 73	3 74	3 76	3 78	3 78	3 80	3 82
6	4 39	4 41	4 43	4 44	4 46	4 47	4 49	4 51	4 53	4 54	4 56	4 59
7	5 12	5 14	5 16	5 18	5 20	5 22	5 24	5 26	5 29	5 30	5 32	5 35
1 once.	5 85	5 87	5 90	5 92	5 94	5 96	5 99	6 01	6 04	6 06	6 08	6 11
2	11 70	11 74	11 80	11 84	11 89	11 93	11 98	12 03	12 08	12 12	12 17	12 22
3	17 55	17 61	17 70	17 76	17 83	17 89	17 97	18 03	18 12	18 18	18 25	18 33
4	23 41	23 48	23 59	23 67	23 78	23 86	23 97	24 15	24 15	24 23	24 34	24 43
5	29 26	29 36	29 49	29 59	29 73	29 83	29 97	30 06	30 19	30 29	30 43	30 53
6	35 11	35 23	35 39	35 51	35 67	35 79	35 96	36 07	36 23	36 35	36 51	36 63
7	40 96	41 10	41 29	41 43	41 62	41 76	41 95	42 08	42 27	42 41	42 60	42 74
1 marc.	46 81	46 97	47 19	47 35	47 56	47 73	47 94	48 10	48 31	48 47	48 68	48 85
2	93 64	93 94	94 38	94 70	95 12	95 44	95 83	96 19	96 62	96 94	97 36	97 70
3	140 43	140 91	141 57	142 05	142 68	143 16	143 82	144 29	144 93	145 41	146 04	146 55
4	187 24	187 88	188 76	189 40	190 24	190 88	191 76	192 39	193 24	193 88	194 72	195 40
5	234 05	234 85	235 95	236 75	237 80	238 60	239 70	240 49	241 55	242 35	243 40	244 25
6	280 86	281 82	283 14	284 10	285 36	286 32	287 64	288 59	289 86	290 82	292 08	293 10
7	327 67	328 79	330 33	331 45	332 92	334 04	335 58	336 69	338 17	339 29	340 76	341 95
8	374 48	375 76	377 52	378 80	380 48	381 76	383 52	384 79	386 48	387 76	389 44	390 80
9	421 29	422 73	424 71	425 15	428 04	429 48	431 46	432 89	434 79	436 23	438 12	439 65
10	468 10	469 70	471 90	473 50	475 60	477 20	479 40	481 00	483 10	484 70	486 80	488 50
20	936 20	939 40	943 80	947 »	951 20	955 40	958 80	962 00	966 20	969 40	973 60	977 »
30	1404 30	1409 10	1415 70	1420 50	1427 80	1433 60	1438 20	1443 »	1449 30	1454 10	1460 40	1465 50
40	1872 40	1878 80	1887 60	1894 »	1902 40	1908 80	1917 60	1924 »	1932 40	1938 80	1947 20	1954 »
50	2340 50	2348 50	2359 50	2367 50	2378 »	2386 »	2397 »	2405 »	2415 50	2423 50	2434 »	2442 50
60	2808 60	2818 20	2831 40	2841 »	2853 60	2863 20	2876 40	2886 »	2898 60	2908 20	2920 80	2931 »
70	3276 70	3287 90	3303 30	3314 50	3329 20	3340 40	3355 80	3367 »	3381 70	3392 90	3407 60	3419 50
80	3744 80	3757 60	3775 20	3788 »	3804 80	3817 60	3835 20	3848 »	3864 80	3877 60	3894 40	3908 »
90	4212 90	4227 30	4247 10	4261 50	4280 40	4294 80	4314 60	4329 »	4347 90	4362 30	4381 20	4396 50
100	4681 »	4697 »	4719 »	4735 »	4755 »	4772 »	4791 »	4810 »	4831 »	4847 »	4868 »	4885 »

11 Deniers.

	11 den. 0 gr. 917	11 den. 1 gr. 920	11 den. 2 gr. 924	11 den. 3 gr. 927	11 den. 4 gr. 931	11 den. 5 gr. 934	10 den. 6 gr. 938	11 den. 7 gr. 941	11 den. 8 gr. 944	11 den. 9 gr. 948	11 den. 10 gr. 951	11 den. 11 gr. 955
1 gros.	» 77	» 77	» 77	» 77	» 78	» 78	» 78	» 79	» 79	» 79	» 79	» 80
2	1 54	1 54	1 54	1 55	1 56	1 56	1 56	1 58	1 58	1 58	1 59	1 60
3	2 30	2 31	2 32	2 32	2 34	2 34	2 35	2 36	2 37	2 38	2 39	2 40
4	3 06	3 07	3 09	3 10	3 11	3 13	3 14	3 14	3 15	3 17	3 18	3 19
5	3 83	3 84	3 86	3 88	3 89	3 91	3 92	3 93	3 94	3 96	3 97	3 99
6	4 59	4 61	4 64	4 65	4 67	4 69	4 71	4 72	4 73	4 76	4 77	4 79
7	5 36	5 38	5 41	5 43	5 45	5 47	5 49	5 50	5 52	5 55	5 57	5 59
1 once.	6 13	6 15	6 18	6 20	6 23	6 25	6 27	6 29	6 31	6 34	6 36	6 39
2	12 26	12 30	12 36	12 40	12 46	12 50	12 54	12 58	12 62	12 68	12 73	12 78
3	18 39	18 45	18 54	18 60	18 68	18 74	18 82	18 87	18 94	19 02	19 08	19 16
4	24 53	24 61	24 71	24 79	24 90	24 98	25 09	25 17	25 25	25 36	25 41	25 54
5	30 67	30 76	30 89	30 99	31 13	31 23	31 36	31 47	31 56	31 70	31 80	31 93
6	36 80	36 92	37 07	37 19	37 35	37 47	37 64	37 76	37 88	38 04	38 16	38 31
7	42 93	43 07	43 25	43 39	43 58	43 72	43 91	44 05	44 19	44 38	44 52	44 70
1 marc.	49 06	49 22	49 43	49 59	49 81	49 97	50 18	50 34	50 50	50 72	50 88	51 09
2	98 12	98 44	98 86	99 18	99 62	99 94	100 36	100 68	101 »	101 44	101 76	102 18
3	147 18	147 66	148 29	148 77	149 43	149 91	150 54	151 02	151 50	152 16	152 64	153 27
4	196 24	196 88	197 72	198 36	199 24	199 88	200 72	201 36	202 »	202 88	203 52	204 36
5	245 30	246 10	247 15	247 95	249 05	249 85	250 90	251 70	252 50	253 60	254 40	255 45
6	294 36	295 32	296 58	297 54	298 86	299 82	301 08	302 04	303 »	304 32	305 28	306 54
7	343 42	344 54	346 01	347 13	348 67	349 79	351 26	352 38	353 50	355 04	356 16	357 63
8	392 48	393 76	395 44	396 72	398 48	399 76	401 44	402 72	404 »	405 76	407 04	408 72
9	441 54	442 98	444 87	446 31	448 29	449 73	451 62	453 06	454 50	456 48	457 92	459 81
10	490 60	492 20	494 30	495 90	498 10	499 70	501 80	503 40	505 »	507 20	508 80	510 90
20	981 20	984 40	988 60	991 80	996 20	999 40	1003 60	1006 80	1010 »	1014 40	1017 60	1021 80
30	1471 80	1476 60	1482 90	1487 70	1494 30	1499 10	1505 40	1510 20	1515 »	1521 60	1526 40	1532 70
40	1962 40	1968 80	1977 20	1983 60	1992 40	1998 80	2007 20	2013 60	2020 »	2028 80	2035 20	2043 60
50	2453 »	2461 »	2471 50	2479 50	2490 50	2498 50	2509 »	2517 »	2525 »	2536 »	2544 »	2554 50
60	2943 60	2953 20	2965 80	2975 40	2988 60	2998 20	3010 80	3020 40	3030 »	3043 20	3052 80	3065 40
70	3434 20	3445 40	3460 10	3471 30	3486 70	3497 90	3512 60	3523 80	3535 »	3550 40	3561 60	3576 30
80	3924 80	3937 60	3954 40	3967 20	3984 80	3997 60	4014 40	4027 20	4040 »	4057 60	4070 40	4087 20
90	4415 40	4429 80	4448 70	4463 10	4482 90	4497 30	4516 20	4530 60	4545 »	4564 80	4579 20	4598 10
100	4906 »	4922 »	4943 »	4959 »	4981 »	4997 »	5018 »	5034 »	5050 »	5072 »	5088 »	5109 »

11 Deniers.

	11 den. 12 gr. 958	11 den. 13 gr. 962	11 den. 14 gr. 965	11 den. 15 gr. 969	11 den. 16 gr. 972	11 den. 17 gr. 976	11 den. 18 gr. 979	11 den. 19 gr. 983	11 den. 20 gr. 986	11 den. 21 gr. 990	11 den. 22 gr. 993	11 den. 23 gr. 997
1 gros.	» 80	» 80	» 81	» 81	» 81	» 82	» 82	» 82	» 82	» 83	» 83	» 83
2	1 60	1 60	1 62	1 62	1 62	1 64	1 64	1 64	1 64	1 66	1 66	1 66
3	2 40	2 41	2 42	2 43	2 43	2 45	2 46	2 46	2 47	2 49	2 49	2 50
4	3 21	3 22	3 22	3 24	3 25	3 26	3 27	3 29	3 30	3 31	3 32	3 34
5	4 01	4 02	4 03	4 05	4 07	4 08	4 09	4 11	4 12	4 13	4 15	4 17
6	4 81	4 83	4 83	4 86	4 88	4 89	4 91	4 93	4 95	4 96	4 98	5 01
7	5 61	5 63	5 64	5 67	5 69	5 71	5 73	5 75	5 77	5 79	5 81	5 84
1 once.	6 41	6 43	6 45	6 48	6 50	6 53	6 55	6 57	6 59	6 62	6 64	6 67
2	12 82	12 86	12 90	12 96	13 00	13 06	13 10	13 14	13 18	13 24	13 28	13 34
3	19 22	19 30	19 36	19 44	19 50	19 59	19 65	19 72	19 78	19 86	19 92	20 00
4	25 62	25 74	25 82	25 93	26 00	26 11	26 19	26 30	26 38	26 48	26 57	26 67
5	32 02	32 17	32 27	32 40	32 50	32 63	32 73	32 87	32 97	33 10	33 21	33 34
6	38 43	38 61	38 73	38 83	39 00	39 16	39 28	39 45	39 57	39 72	39 85	40 00
7	44 84	45 04	45 18	45 36	45 50	45 69	45 83	46 02	46 16	46 34	46 49	46 67
1 marc.	51 25	51 47	51 63	51 84	52 00	52 22	52 38	52 59	52 75	52 96	53 13	53 34
2	102 50	102 94	103 26	103 65	104 »	104 41	104 76	105 18	105 50	105 92	106 26	106 68
3	153 75	154 41	154 89	155 52	156 »	156 66	157 14	157 77	158 25	158 88	159 39	160 02
4	205 00	205 88	206 52	207 36	208 »	208 88	209 52	210 36	211 00	211 84	212 52	213 36
5	256 25	257 35	258 15	259 20	260 »	261 19	261 90	262 95	263 75	264 80	265 65	266 70
6	307 50	308 82	309 78	311 04	312 »	313 32	314 28	315 54	316 50	317 76	318 78	320 04
7	358 75	360 29	361 41	362 88	364 »	365 54	366 66	368 13	369 25	370 72	371 91	373 38
8	410 00	411 76	413 04	414 72	416 »	417 76	419 04	420 72	422 00	423 68	425 04	426 72
9	461 25	463 23	464 67	466 56	468 »	469 98	471 42	473 31	474 75	476 64	478 17	480 06
10	512 50	514 70	516 30	518 40	520 »	522 20	523 80	525 90	527 50	529 60	531 30	533 40
20	1025 00	1029 40	1032 60	1036 80	1040 »	1044 40	1047 60	1051 80	1055 00	1059 20	1062 60	1066 80
30	1537 50	1544 10	1548 90	1555 20	1560 »	1566 60	1571 40	1577 70	1582 50	1588 80	1593 90	1600 20
40	2050 00	2058 80	2065 20	2073 60	2080 »	2088 80	2095 20	2103 60	2110 00	2118 40	2125 20	2133 60
50	2562 50	2573 50	2581 50	2592 00	2600 »	2611 00	2619 00	2629 50	2637 50	2648 00	2656 50	2667 00
60	3075 00	3088 20	3097 80	3110 40	3120 »	3133 20	3142 80	3155 40	3165 00	3177 60	3187 80	3200 40
70	3587 50	3602 90	3614 10	3628 80	3640 »	3655 40	3666 60	3681 30	3692 50	3707 20	3719 10	3733 80
80	4100 00	4117 60	4130 40	4147 20	4160 »	4177 60	4190 40	4207 20	4220 00	4236 80	4250 40	4267 20
90	4612 50	4632 30	4646 70	4665 60	4680 »	4699 80	4714 20	4733 10	4747 50	4766 40	4781 70	4800 60
100	5125 00	5147 00	5163 00	5184 00	5200 »	5222 00	5238 00	5259 00	5275 00	5296 00	5313 00	5334 00

COMPTES FAITS

De la valeur d'une once d'or ou d'argent à tous les titres, pour déterminer la valeur des lingots de doré.

Pour déterminer la valeur d'un lingot d'or et d'argent mêlés, il suffit, lorsqu'on connaît la proportion de chacun de ces métaux, de voir dans les tableaux ci-après la valeur de l'once d'or ou d'argent d'après leur titre ; la réunion des deux valeurs indiquera celle de chaque once du lingot.

Exemple. On a un lingot mêlé, contenant : or, 460 millièmes ; argent, 580 millièmes.

1°. L'on cherche la valeur d'une once d'or, à 460 millièmes, ci . . . . 48—30.

2°. Ensuite, dans la même table, la valeur de 580 millièmes, argent, ci   3 —88.

Total . . . 52 — 18.

Le lingot vaut donc 52 fr. 18 cent. l'once.

En multipliant cette somme par le poids du lingot, on aura la valeur totale, sauf à déduire les frais de départ, qui sont fixés par la loi à 2 fr. 50 cent. par marc.

VALEUR D'UNE ONCE D'OR OU D'ARGENT

A tous les titres, depuis 100 jusqu'à 600 millièmes.

TITRES.	VALEUR d'une once D'OR.		VALEUR d'une once D'ARGENT.	
millièmes.	f.	c.		c.
100	10	50	»	67
101	10	60	»	68
102	10	71	»	68
103	10	81	»	69
104	10	92	»	70
105	11	02	»	70
106	11	13	»	71
107	11	23	»	72
108	11	34	»	72
109	11	44	»	73
110	11	55	»	74
111	11	65	»	74
112	11	76	»	75
113	11	86	»	76
114	11	97	»	76
115	12	07	»	77
116	12	18	»	78
117	12	28	»	78
118	12	39	»	79
119	12	49	»	80
120	12	60	»	80
121	12	70	»	81
122	12	81	»	82
123	12	91	»	82
124	13	02	»	83
125	13	12	»	84
126	13	23	»	84
127	13	33	»	85
128	13	44	»	86
129	13	54	»	86
130	13	65	»	87
131	13	75	»	88
132	13	86	»	88
133	13	96	»	89
134	14	07	»	90

TITRES.	VALEUR d'une once D'OR.		VALEUR d'une once D'ARGENT.	
millièmes.	f.	c.	f.	c.
135	14	17	»	90
136	14	28	»	91
137	14	38	»	92
138	14	49	»	92
139	14	59	»	93
140	14	70	»	94
141	14	80	»	94
142	14	91	»	95
143	15	01	»	96
144	15	12	»	96
145	15	22	»	97
146	15	33	»	98
147	15	43	»	98
148	15	54	»	99
149	15	65	1	»
150	15	75	1	»
151	15	86	1	01
152	15	96	1	02
153	16	07	1	02
154	16	17	1	03
155	16	28	1	04
156	16	38	1	04
157	16	49	1	05
158	16	59	1	06
159	16	70	1	06
160	16	80	1	07
161	16	91	1	08
162	17	01	1	08
163	17	12	1	09
164	17	22	1	10
165	17	33	1	10
166	17	43	1	11
167	17	54	1	12
168	17	64	1	12
169	17	75	1	13

TITRES.	VALEUR d'une once D'OR.		d'une once D'ARGENT.		TITRES.	VALEUR d'une once D'OR.		d'une once D'ARGENT.	
	f.	c.	f.	c.		f.	c.	f.	c.
170	17	85	1	14	213	22	36	1	42
171	17	96	1	14	214	22	47	1	43
172	18	06	1	15	215	22	57	1	44
173	18	17	1	16	216	22	68	1	44
174	18	27	1	16	217	22	78	1	45
175	18	38	1	17	218	22	89	1	46
176	18	48	1	18	219	22	99	1	46
177	18	59	1	18	220	23	10	1	47
178	18	69	1	19	221	23	20	1	48
179	18	80	1	20	222	23	31	1	48
180	18	90	1	20	223	23	41	1	49
181	19	01	1	21	224	23	52	1	50
182	19	11	1	22	225	23	62	1	50
183	19	21	1	22	226	23	73	1	51
184	19	32	1	23	227	23	83	1	52
185	19	43	1	24	228	23	94	1	52
186	19	53	1	24	229	24	04	1	53
187	19	63	1	25	230	24	15	1	54
188	19	74	1	26	231	24	25	1	54
189	19	84	1	26	232	24	36	1	55
190	19	95	1	27	233	24	46	1	56
191	20	05	1	28	234	24	57	1	56
192	20	16	1	28	235	24	67	1	57
193	20	26	1	29	236	24	78	1	58
194	20	37	1	30	237	24	88	1	58
195	20	48	1	30	238	24	99	1	59
196	20	58	1	31	239	25	09	1	60
197	20	68	1	32	240	25	20	1	61
198	20	79	1	32	241	25	30	1	61
199	20	89	1	33	242	25	41	1	62
200	21	»	1	34	243	25	51	1	63
201	21	10	1	34	244	25	62	1	63
202	21	21	1	35	245	25	72	1	64
203	21	31	1	36	246	25	83	1	65
204	21	42	1	36	247	25	93	1	65
205	21	52	1	37	248	26	04	1	66
206	21	63	1	38	249	26	14	1	67
207	21	73	1	38	250	26	25	1	67
208	21	84	1	39	251	26	35	1	68
209	21	94	1	40	252	26	46	1	69
210	22	05	1	40	253	26	56	1	69
211	22	15	1	41	254	26	67	1	70
212	22	26	1	42	255	26	77	1	71

TITRES.	VALEUR d'une once D'OR.	VALEUR d'une once D'ARGENT.	TITRES.	VALEUR d'une once D'OR.	VALEUR d'une once D'ARGENT.
millièmes.	f. c.	f. c.	millièmes.	f. c.	f. c.
256	26 88	1 71	299	31 39	2 »
257	26 98	1 72	300	31 50	2 01
258	27 09	1 73	301	31 60	2 01
259	27 19	1 73	302	31 71	2 02
260	27 30	1 74	303	31 81	2 03
261	27 40	1 75	304	31 92	2 03
262	27 51	1 75	305	32 02	2 04
263	27 61	1 76	306	32 13	2 05
264	27 72	1 77	307	32 23	2 05
265	27 82	1 77	308	32 34	2 06
266	27 93	1 78	309	32 44	2 07
267	28 03	1 79	310	32 55	2 07
268	28 14	1 79	311	32 65	2 08
269	28 24	1 80	312	32 76	2 09
270	28 35	1 81	313	32 86	2 09
271	28 45	1 81	314	32 97	2 10
272	28 56	1 82	315	33 07	2 11
273	28 66	1 83	316	33 18	2 11
274	28 77	1 83	317	33 28	2 12
275	28 87	1 84	318	33 39	2 13
276	28 98	1 85	319	33 49	2 13
277	29 08	1 85	320	33 60	2 14
278	29 19	1 86	321	33 70	2 15
279	29 29	1 87	322	33 81	2 15
280	29 40	1 87	323	33 91	2 16
281	29 50	1 88	324	34 02	2 17
282	29 61	1 89	325	34 12	2 17
283	29 71	1 89	326	34 23	2 18
284	29 82	1 90	327	34 33	2 19
285	29 92	1 91	328	34 44	2 19
286	30 03	1 91	329	34 54	2 20
287	30 13	1 92	330	34 65	2 21
288	30 24	1 93	331	34 75	2 21
289	30 34	1 93	332	34 86	2 22
290	30 45	1 94	333	34 96	2 23
291	30 55	1 95	334	35 07	2 23
292	30 66	1 95	335	35 17	2 24
293	30 76	1 96	336	35 28	2 25
294	30 87	1 97	337	35 38	2 25
295	30 97	1 97	338	35 49	2 26
296	31 08	1 98	339	35 59	2 27
297	31 18	1 99	340	35 70	2 27
298	31 29	1 99	341	35 80	2 28

TITRES.	VALEUR	
	d'une once D'OR.	d'une once D'ARGENT.
millièmes.	fr. c.	f. c.
342	35 91	2 29
343	36 01	2 29
344	36 12	2 30
345	36 22	2 31
346	36 33	2 31
347	36 43	2 32
348	36 54	2 33
349	36 64	2 33
350	36 75	2 34
351	36 85	2 34
352	36 96	2 35
353	37 06	2 36
354	37 17	2 37
355	37 27	2 37
356	37 38	2 38
357	37 48	2 39
358	37 59	2 39
359	37 69	2 40
360	37 80	2 41
361	37 90	2 41
362	38 01	2 42
363	38 11	2 43
364	38 22	2 43
365	38 32	2 44
366	38 43	2 45
367	38 53	2 45
368	38 64	2 46
369	38 74	2 47
370	38 85	2 47
371	38 95	2 48
372	39 06	2 49
373	39 16	2 49
374	39 27	2 50
375	39 37	2 51
376	39 48	2 51
377	39 58	2 52
378	39 69	2 53
379	39 79	2 53
380	39 90	2 54
381	40 »	2 55
382	40 11	2 56
383	40 21	2 56
384	40 32	2 57
385	40 42	2 57

TITRES.	VALEUR	
	d'une once D'OR.	d'une once D'ARGENT.
millièmes.	f. c.	f. c.
386	40 53	2 58
387	40 63	2 59
388	40 74	2 59
389	40 84	2 60
390	40 95	2 61
391	41 05	2 61
392	41 16	2 62
393	41 26	2 63
394	41 37	2 63
395	41 47	2 64
396	41 58	2 65
397	41 68	2 65
398	41 79	2 66
399	41 89	2 67
400	42 »	2 67
401	42 10	2 68
402	42 21	2 69
403	42 31	2 70
404	42 42	2 70
405	42 52	2 71
406	42 63	2 72
407	42 73	2 72
408	42 84	2 73
409	42 94	2 74
410	43 05	2 74
411	43 15	2 75
412	43 26	2 76
413	43 36	2 76
414	43 47	2 77
415	43 57	2 78
416	43 68	2 78
417	43 78	2 79
418	43 89	2 80
419	43 99	2 80
420	44 10	2 81
421	44 20	2 82
422	44 31	2 82
423	44 41	2 83
424	44 52	2 84
425	44 62	2 84
426	44 73	2 85
427	44 83	2 86
428	44 94	2 86
429	45 04	2 87

TITRES.	VALEUR d'une once D'OR.	d'une once D'ARGENT.	TITRES.	VALEUR d'une once D'OR.	d'une once D'ARGENT.
millièmes	f. c.	f. c.	millièmes	f. c.	f. c.
430	45 15	2 88	474	49 77	3 17
431	45 25	2 88	475	49 87	3 18
432	45 36	2 89	476	49 98	3 18
433	45 46	2 90	477	50 08	3 19
434	45 57	2 90	478	50 19	3 20
435	45 67	2 91	479	50 29	3 20
436	45 78	2 92	480	50 40	3 21
437	45 88	2 92	481	50 50	3 22
338	45 99	2 93	482	50 61	3 22
439	46 09	2 94	483	50 71	3 23
440	46 20	2 94	484	50 82	3 24
441	46 30	2 95	485	50 92	3 24
442	46 41	2 96	486	51 03	3 25
443	46 51	2 96	487	51 13	3 26
444	46 62	2 97	488	51 24	3 26
445	46 72	2 98	489	51 34	3 27
446	46 83	2 98	490	51 45	3 28
447	46 93	2 99	491	51 55	3 28
448	47 04	3 »	492	51 66	3 29
449	47 14	3 »	493	51 76	3 30
450	47 25	3 01	494	51 87	3 30
451	47 35	3 02	495	51 97	3 31
452	47 46	3 02	496	52 08	3 32
453	47 56	3 03	497	52 18	3 32
454	47 67	3 04	498	52 29	3 33
455	47 77	3 04	499	52 39	3 34
456	47 88	3 05	500	52 50	3 34
457	47 98	3 06	501	52 60	3 35
458	48 09	3 06	502	52 71	3 36
459	48 19	3 07	503	52 81	3 36
460	48 30	3 08	504	52 92	3 37
461	48 40	3 08	505	53 03	3 38
462	48 51	3 09	506	53 13	3 38
463	48 61	3 10	507	53 23	3 39
464	48 72	3 10	508	53 34	3 40
465	48 82	3 11	509	53 44	3 40
466	48 93	3 12	510	53 55	3 41
467	49 03	3 12	511	53 65	3 42
468	49 14	3 13	512	53 76	3 42
469	49 24	3 14	513	53 86	3 43
470	49 35	3 14	514	53 97	3 44
471	49 45	3 15	515	54 07	3 44
472	49 56	3 16	516	54 18	3 45
473	49 66	3 16	517	54 28	3 46

| TITRES. | VALEUR | | TITRES. | VALEUR | |
| | d'une once D'OR. | d'une once D'ARGENT. | | d'une once D'OR. | d'une once D'ARGENT. |
millièmes.	f. c.	f. c.	millièmes.	f. c.	f. c.
518	54 39	3 46	560	58 80	3 74
519	54 49	3 47	561	58 90	3 75
520	54 60	3 48	562	59 01	3 76
521	54 70	3 48	563	59 11	3 76
522	54 81	3 49	564	59 22	3 77
523	54 91	3 50	565	59 32	3 78
524	55 02	3 50	566	59 43	3 79
525	55 12	3 51	567	59 53	3 79
526	55 23	3 52	568	59 64	3 80
527	55 33	3 52	569	59 74	3 81
528	55 44	3 53	570	59 85	3 81
529	55 54	3 54	571	59 95	3 82
530	55 65	3 54	572	60 06	3 83
531	55 75	3 55	573	60 16	3 83
532	55 86	3 56	574	60 27	3 84
533	55 96	3 56	575	60 37	3 85
534	56 07	3 57	576	60 48	3 85
535	56 17	3 58	577	60 58	3 86
536	56 28	3 58	578	60 69	3 87
537	56 38	3 59	579	60 79	3 87
538	56 49	3 60	580	60 90	3 88
539	56 59	3 60	581	61 »	3 89
540	56 70	3 61	582	61 11	3 89
541	56 80	2 62	583	61 21	3 90
542	56 91	3 62	584	61 32	3 91
543	57 01	3 63	585	61 42	3 91
544	57 12	3 64	586	61 53	3 92
545	57 22	3 64	587	61 63	3 93
546	57 33	3 65	588	61 74	3 93
547	57 43	3 66	589	61 84	3 94
548	57 54	3 66	590	61 95	3 95
549	57 64	3 67	591	62 05	3 95
550	57 75	3 68	592	62 16	3 96
551	57 85	3 68	593	62 26	3 97
552	57 96	3 69	594	62 37	3 97
553	58 06	3 70	595	62 47	3 98
554	58 17	3 70	596	62 58	3 99
555	58 27	3 71	597	62 68	3 99
556	58 38	3 72	598	62 79	4 »
557	58 48	3 72	599	62 89	4 01
558	58 59	3 73	600	63 »	4 01
559	58 69	3 74			

TABLEAU *pour déterminer combien tant de millièmes produisent de grains de fin par marc d'or ou d'argent.*
Cette table est très-commode pour calculer la quantité de fin contenue dans les lingots de doré.

TITRES (millièmes)	FIN PAR MARC — grains	onc	gros	gr
1	5	»	»	5
2	9	»	»	9
3	14	»	»	14
4	18	»	»	18
5	23	»	»	23
10	46	»	»	46
15	69	»	»	69
20	92	»	1	20
25	115	»	1	43
30	138	»	1	66
35	161	»	2	17
40	184	»	2	40
45	207	»	2	63
50	230	»	3	14
55	253	»	3	37
60	276	»	3	60
65	300	»	4	12
70	323	»	4	35
75	346	»	4	58
80	369	»	5	9
85	392	»	5	32
90	415	»	5	55
95	438	»	6	6
100	461	»	6	29
105	484	»	6	52
110	507	»	7	3
115	530	»	7	26
120	553	»	7	49
125	576	1	»	»
130	599	1	»	23
135	622	1	»	46
140	645	1	»	69
145	668	1	1	20
150	691	1	1	43
155	714	1	1	66
160	737	1	2	17
165	760	1	2	40
170	783	1	2	63
175	806	1	3	14
180	829	1	3	37
185	852	1	3	60
190	876	1	4	12
195	899	1	4	35
200	922	1	4	58
205	945	1	5	9
210	968	1	5	32
215	991	1	5	55
220	1014	1	6	6
225	1037	1	6	29
230	1060	1	6	52
235	1083	1	7	3
240	1106	1	7	26
245	1129	1	7	49
250	1152	2	»	»
255	1175	2	»	23
260	1198	2	»	46
265	1221	2	»	69
270	1244	2	1	20
275	1267	2	1	43
280	1290	2	1	66
285	1313	2	2	17
290	1336	2	2	40
295	1359	2	2	63
300	1382	2	3	14
305	1405	2	3	37
310	1428	2	3	60
315	1452	2	4	12
320	1475	2	4	35
325	1498	2	4	58
330	1521	2	5	9
335	1544	2	5	32
340	1567	2	5	55
345	1590	2	6	6
350	1613	2	6	29
355	1636	2	6	52
360	1659	2	7	3
365	1682	2	7	26
370	1705	2	7	50
375	1728	3	»	»
380	1751	3	»	23
385	1774	3	»	46
390	1797	3	»	69
395	1820	3	1	20
400	1843	3	1	43
405	1866	3	1	66
410	1889	3	2	17
415	1912	3	2	40
420	1935	3	2	63
425	1958	3	3	14
430	1981	3	3	37
435	2004	3	3	60
440	2028	3	4	12
445	2051	3	4	35
450	2074	3	4	58
455	2097	3	5	9
460	2120	3	5	32
465	2143	3	5	55
470	2166	3	6	6
475	2189	3	6	29
480	2212	3	6	52
485	2235	3	7	3
490	2258	3	7	26
495	2281	3	7	49
500	2304	4	»	»
505	2327	4	»	23
510	2350	4	»	46
515	2373	4	»	69
520	2396	4	1	20
525	2419	4	1	43
530	2442	4	1	66
535	2465	4	2	17
540	2488	4	2	40
545	2511	4	2	63
550	2534	4	3	14
555	2557	4	3	37
560	2580	4	3	60
565	2604	4	4	12
570	2627	4	4	35
575	2650	4	4	58
580	2673	4	5	9
585	2696	4	5	32
590	2719	4	5	55
595	2742	4	6	6
600	2765	4	6	29
605	2788	4	6	52
610	2811	4	7	3
615	2834	4	7	26
620	2857	4	7	49
625	2880	5	»	»
630	2903	5	»	23
635	2926	5	»	46
640	2949	5	»	69
645	2972	5	1	20
650	2995	5	1	43
655	3018	5	1	66
660	3041	5	2	17
665	3064	5	2	40
670	3087	5	2	63
675	3110	5	3	14
680	3133	5	3	37
685	3156	5	3	60
690	3180	5	4	12
695	3203	5	4	35
700	3226	5	4	58
705	3249	5	5	9
710	3272	5	5	32
715	3295	5	5	55
720	3318	5	6	6
725	3341	5	6	29
730	3364	5	6	52
735	3387	5	7	3
740	3410	5	7	26
745	3433	5	7	49
750	3456	6	»	»
755	3479	6	»	23
760	3502	6	»	46
765	3525	6	»	69
770	3548	6	1	20
775	3571	6	1	43
780	3594	6	1	66
785	3617	6	2	17
790	3640	6	2	40
795	3663	6	2	63
800	3686	6	3	14
805	3709	6	3	37
810	3732	6	3	60
815	3755	6	4	12
820	3778	6	4	35
825	3801	6	4	58
830	3825	6	5	9
835	3848	6	5	32
840	3871	6	5	55
845	3894	6	6	6
850	3917	6	6	29
855	3940	6	6	52
860	3963	6	7	3
865	3986	6	7	26
870	4009	6	7	49
875	4032	7	»	»
880	4055	7	»	23
885	4078	7	»	46
890	4101	7	»	69
895	4124	7	1	20
900	4147	7	1	43
905	4170	7	1	66
910	4193	7	2	17
915	4216	7	2	40
920	4239	7	2	63
925	4262	7	3	14
930	4285	7	3	37
935	4308	7	3	60
940	4332	7	4	12
945	4355	7	4	35
950	4378	7	4	58
955	4401	7	5	9
960	4424	7	5	32
965	4447	7	5	55
970	4470	7	6	6
975	4493	7	6	29
980	4516	7	6	52
985	4539	7	7	3
990	4562	7	7	26
995	4585	7	7	49
1000	4608	1 marc.		

CONVERSION DES KARATS EN MILLIÈMES

Et des millièmes en karats (sans fractions.)

L'usage de ces tables est fort simple ; il consiste à chercher, en tête de chaque colonne, le nombre de karats que l'on veut convertir en millièmes, et de suivre en descendant jusque vis-à-vis les trente-deuxièmes de karat, qui se trouvent dans la première colonne à gauche.

Exemple : On veut convertir en millièmes 18 kar. 12 trente-deuxièmes.

On cherche d'abord le nombre 18 *karats*, qui se trouve en tête de la dix - neuvième colonne à droite, on descend jusque vis-à-vis la ligne qui correspond à 12 trente-deuxièmes, et on trouve le nombre 766 millièmes.

Si au contraire on veut convertir des millièmes en karats et trente-deuxièmes, on cherche le nombre de *millièmes* dans l'une des colonnes, et on voit à droite le nombre de trente-deuxièmes et en tête les karats auxquels il correspond.

Exemple : On veut convertir en karats et trente-deuxièmes 780 millièmes.

On cherche 780 *millièmes* que l'on trouve en suivant la progression des nombres ; on voit ensuite en tête de la colonne où se trouve le nombre 18 *karats*, et dans la première colonne à gauche 23 *trente-deuxièmes*. 780 Millièmes répondent donc à 18 kar. 23 trente-deuxièmes.

La manière de convertir les deniers et grains en millièmes, pour l'argent, est absolument la même.

TABLE DE RÉDUCTION

Des karats et trente-deuxièmes en millièmes, et vice versâ.

32.es de kar.	0	1 k.	2 k.	3 k.	4 k.	5 k.	6 k.	7 k.	8 k.	9 k.	10 k.	11 k.
0	»	42	83	125	167	208	250	292	333	375	417	458
1	1	43	85	126	168	210	251	293	335	376	418	460
2	3	44	86	128	169	211	253	294	336	378	419	461
3	4	46	87	129	171	212	254	296	337	379	421	462
4	5	47	89	130	172	214	255	297	339	380	422	464
5	7	48	90	132	173	215	257	298	340	382	423	465
6	8	49	91	133	174	216	258	299	341	383	425	466
7	9	51	92	134	176	217	259	301	342	384	426	467
8	10	52	94	135	177	219	260	302	344	385	427	469
9	12	53	95	137	178	220	262	303	345	387	428	470
10	13	55	96	138	180	221	263	305	346	388	430	471
11	14	56	98	139	181	223	264	306	348	389	431	473
12	16	57	99	141	182	224	266	307	349	391	432	474
13	17	59	100	142	184	225	267	309	350	392	434	475
14	18	60	102	143	185	227	268	310	352	393	435	477
15	20	61	103	145	186	228	270	311	353	395	436	478
16	21	63	104	146	188	229	271	313	354	396	438	479
17	22	64	105	147	189	230	272	314	355	397	439	480
18	23	65	107	148	190	232	273	315	357	398	440	482
19	25	66	108	150	191	233	275	316	358	400	441	483
20	26	68	109	151	193	234	276	318	359	401	443	484
21	27	69	111	152	194	236	277	319	361	402	444	486
22	29	70	112	154	195	237	279	320	362	404	445	487
23	30	72	113	155	197	238	280	322	363	405	447	488
24	31	73	115	156	198	240	281	323	365	406	448	490
25	33	74	116	158	199	241	283	324	366	408	449	491
26	34	76	117	159	201	242	284	326	367	409	451	492
27	35	77	118	160	202	243	285	327	368	410	452	493
28	36	78	120	161	203	245	286	328	370	411	453	495
29	38	79	121	163	204	246	288	329	371	413	454	496
30	39	81	122	164	206	247	289	331	372	414	456	497
31	40	82	124	165	207	249	290	332	374	415	457	499

SUITE DE LA TABLE CI-CONTRE

Pour convertir les karats en millièmes.

32es. de kar.	12 k.	13 k.	14 k.	15 k.	16 k.	17 k.	18 k.	19 k.	20 k.	21 k.	22 k.	23 k.
»	500	542	583	625	667	708	750	792	833	875	917	958
1	501	543	585	626	668	710	751	793	835	876	918	960
2	503	544	586	628	669	711	753	794	836	878	919	961
3	504	546	587	629	671	712	754	796	837	879	921	962
4	505	547	589	630	672	714	755	797	839	880	922	964
5	507	548	590	632	673	715	757	798	840	882	923	965
6	508	549	591	633	674	716	758	799	341	883	924	966
7	509	551	592	634	676	717	759	801	842	884	926	967
8	510	552	594	635	677	719	760	802	844	885	927	969
9	512	553	595	637	678	720	762	803	845	887	928	970
10	513	555	596	638	680	721	763	805	846	888	930	971
11	514	556	598	639	681	723	764	806	848	889	931	973
12	516	557	599	641	682	724	766	807	849	891	932	974
13	517	559	600	642	684	725	767	809	850	892	934	975
14	518	560	602	643	685	727	768	810	852	893	935	977
15	520	561	603	645	686	728	770	811	853	895	936	978
16	521	563	604	646	688	729	771	813	854	896	938	979
17	522	564	605	647	689	730	772	814	855	897	939	980
18	523	565	607	648	690	732	773	815	857	898	940	982
19	525	566	608	650	691	733	775	816	858	900	941	983
20	526	568	609	651	693	734	776	818	659	901	943	984
21	527	569	611	652	694	736	777	819	861	902	944	986
22	529	570	612	654	695	737	779	820	862	904	945	987
23	530	572	613	655	697	738	780	822	863	905	947	988
24	531	573	615	656	698	740	781	823	865	906	948	990
25	533	574	616	658	699	741	783	824	866	908	949	991
26	534	576	617	659	701	742	784	826	867	909	951	992
27	535	577	618	660	702	743	785	827	868	910	952	993
28	536	578	620	661	703	745	786	828	870	911	953	995
29	538	579	621	663	704	746	788	829	871	913	954	996
30	539	581	622	664	706	747	789	831	872	914	956	997
31	540	582	624	665	707	749	790	832	874	915	957	999

TABLE DE CONVERSION

Des deniers , grains et demi-grains , en millièmes , et vice versâ.

grains et ½ grain.	» den.	1 den.	2 den.	3 den.	4 deu.	5 den.	6 den.	7 den.	8 den.	9 den.	10 den.	11 den.
»	»	83	167	250	333	417	500	583	667	750	833	917
» ½	2	85	168	252	335	418	502	585	668	752	835	918
1	3	87	170	253	337	420	503	587	670	753	837	920
1 ½	5	89	172	255	339	422	505	589	672	755	839	922
2	7	90	174	257	340	424	507	590	674	757	840	924
2 ½	9	92	175	259	342	425	509	592	675	759	842	925
3	10	94	177	260	344	427	510	594	677	760	844	927
3 ½	12	95	179	262	346	429	512	596	679	762	845	929
4	14	97	181	264	347	431	514	597	681	764	847	931
4 ½	16	99	182	266	349	432	5 6	599	682	766	849	933
5	17	101	184	267	351	434	517	601	684	767	851	934
5 ½	19	102	186	269	352	436	519	602	685	769	852	936
6	21	104	188	271	354	438	521	604	688	771	854	938
6 ½	23	106	189	273	356	439	523	605	689	773	856	939
7	24	108	191	274	358	441	524	608	691	774	858	941
7 ½	26	109	193	276	359	443	526	609	693	776	859	943
8	28	111	194	278	361	445	528	611	695	773	861	944
8 ½	30	113	196	280	363	446	530	613	696	780	863	946
9	31	115	198	281	365	448	531	615	698	781	865	948
9 ½	33	116	200	283	366	450	533	616	700	783	866	950
10	35	118	201	285	368	451	535	618	701	785	868	951
10 ½	36	120	203	287	370	453	536	620	703	786	870	953
11	38	122	205	288	372	455	538	622	705	788	872	955
11 ½	40	123	207	290	373	457	540	623	707	790	873	957
12	42	125	208	292	375	458	542	625	708	792	875	958

SUITE DE LA TABLE CI-CONTRE

Pour convertir les deniers et grains en millièmes, et vice versâ.

grains et ¹/₂ grain.	» den.	1 den.	2 den.	3 den.	4 den.	5 den.	6 den.	7 den.	8 den.	9 den.	10 den.	11 den.
12 ¹/₂	43	127	210	294	377	460	544	627	710	793	877	960
13	45	128	212	295	378	462	545	629	712	795	878	962
13 ¹/₂	47	130	214	297	380	464	547	630	714	797	880	964
14	49	132	215	299	382	465	549	632	715	799	882	965
14 ¹/₂	50	134	217	300	384	467	551	634	717	800	884	967
15	52	135	219	302	385	469	552	636	719	802	885	969
15 ¹/₂	54	137	221	304	387	471	554	637	720	804	887	970
16	56	139	222	306	389	472	556	639	722	806	889	972
16 ¹/₂	57	141	224	307	391	474	558	641	724	807	891	974
17	59	142	226	309	392	476	559	643	726	809	892	976
17 ¹/₂	61	144	227	311	394	478	561	644	727	811	894	977
18	63	146	229	313	396	479	563	646	729	813	896	979
18 ¹/₂	64	148	231	314	398	481	565	648	731	814	898	981
19	66	149	233	316	399	483	566	650	733	816	899	983
19 ¹/₂	68	151	234	318	401	485	568	651	734	818	901	984
20	69	153	236	320	403	486	669	653	736	820	903	986
20 ¹/₂	71	155	238	321	405	488	571	655	738	821	905	988
21	73	156	240	323	406	490	573	656	740	823	906	990
21 ¹/₂	75	158	241	325	408	491	575	658	741	825	908	991
22	76	160	243	326	410	493	576	660	743	826	910	993
22 ¹/₂	78	161	245	328	411	495	578	661	745	828	911	995
23	80	163	247	330	413	497	580	663	747	830	913	997
23 ¹/₂	82	165	248	332	415	498	582	665	748	832	915	998

PROCÉDÉ

*Pour retirer l'or et l'argent de la liqueur qui a servi à mettre les bijoux
d'or en couleur.*

(Extrait du Manuel de l'essayeur par M. VAUQUELIN).

1.º Réunissez vos eaux dans des pots de Talvanne; lorsque vous en aurez une certaine quantité, tirez ces eaux à clair de dessus le marc par le moyen qui vous paraîtra le plus commode ;

2.º Mettez ces eaux claires dans un autre pot, versez sur le marc resté dans le premier vase de l'eau commune en suffisante quantité pour bien laver ce marc, agitez ce mélange et ensuite laissez reposer jusqu'à ce que la liqueur soit éclaircie, décantez-la à son tour, et après l'avoir tirée à clair, réunissez-la avec la première liqueur ;

3.º Faites dissoudre dans de l'eau du sulfate de fer, ou couperose verte; une livre suffit si les eaux ne contiennent que quatre onces d'or environ ;

4.º Versez cette dissolution de sulfate dans vos eaux contenant l'or, remuez continuellement avec un morceau de bois jusqu'à ce que les liqueurs soient exactement mêlées : c'est à ce moment que l'or se sépare et donne au mélange une couleur brune de marron ;

5.º Laissez pendant deux jours la liqueur en repos pour que toutes les parties de l'or qui sont très-divisées, aient le temps de se déposer; quand la liqueur sera éclaircie, décantez-la comme la première fois, mais avec précaution, afin que l'or ne puisse pas être entraîné ;

6.º L'eau étant sortie, lavez le dépôt avec de l'eau dans laquelle vous aurez mis une quantité d'huile de vitriol suffisante pour lui donner une saveur acide, comme le fort vinaigre ; quand cette eau aura resté pendant deux heures sur le marc, décantez-la comme la première ; passez ensuite un peu d'eau ordinaire sur ce même marc et décantez de nouveau, en ayant toujours soin de ne point laisser entraîner l'or ;

7.º L'or étant ainsi lavé, il faut le ramasser soigneusement, le faire sécher dans un poêlon de terre bien cuite;

Ensuite fondre cet or dans un creuset avec une petite quantité de salpêtre et de borax pour le réunir, cet or sera fin ;

8.º Avant de jetter les eaux dont vous avez séparé l'or, prenez-en une pinte environ, versez-y quatre onces de couperose verte dissoute comme il est dit ci-dessus ; si l'eau ne change pas de couleur, ce sera une preuve qu'elle ne contient plus d'or ; si au contraire elle se troublait et devenait brune, il faudrait ajouter à la totalité de cette liqueur quatre onces de couperose dissoute et opérer comme la première fois ;

9.º Quant au sédiment blanc, ou marc, laissé dans le premier pot, il faut, après l'avoir fait sécher, le fondre dans un creuset avec un peu de salpêtre et de borax mêlés ensemble.

Cette matière donnera de l'argent qui contiendra environ deux pour cent d'or.

La première table d'alliage offre, sans le secours d'aucun calcul, la quantité d'alliage qu'il faut ajouter à l'or, à un titre supérieur, pour le réduire au troisième titre (18 karats ou 750 millièmes).

Il suffit de chercher, dans la première colonne à gauche, le titre de l'or que l'on veut allier, et ensuite de voir, sur l'une des trois colonnes suivantes, la quantité *d'alliage nécessaire* sur un hectogramme, ou sur un marc, ou sur une once.

Ainsi, par exemple, on veut allier de l'or à 898 millièmes ou 21 kar. 18 trente-deuxièmes, et le réduire à 750 millièmes;

On cherche le titre 898, et l'on trouve dans les colonnes suivantes que, sur un hectogramme d'or à 898, il faut 19 gramm. 73 centigrammes; que, sur un marc du même or, il faut 1 once, 4 gros, 46 grains, et enfin, dans le cas où l'on ne voudrait allier qu'une once de ce même or, on trouve qu'il faut, pour cette quantité, 1 gros et 41 grains d'alliage.

PREMIÈRE TABLE D'ALLIAGE.

Réduire de l'or à 750.

nouv. vrai (millièmes)	ancien (karats)	32es	hectogramme (grammes)	cent.	marc (onces)	gros	grains	once (gros)	grains
1000	24	»	33	33	2	5	24	2	47
999	23	31	33	20	2	5	18	2	46
998	»	»	33	06	2	5	12	2	46
997	23	30	32	93	2	5	06	2	45
996	23	29	32	80	2	4	71	2	44
995	23	28	32	66	2	4	65	2	44
994	»	»	32	53	2	4	59	2	43
993	23	27	32	40	2	4	53	2	42
992	23	26	32	26	2	4	47	2	42
991	23	25	32	13	2	4	41	2	40
990	23	24	32	»	2	4	35	2	39
989	»	»	31	86	2	4	28	2	39
988	23	23	31	73	2	4	22	2	38
987	23	22	31	60	2	4	16	2	37
986	23	21	31	46	2	4	10	2	37
985	»	»	31	33	2	4	04	2	36
984	23	20	31	20	2	3	70	2	35
983	23	19	31	06	2	3	64	2	35
982	23	18	30	93	2	3	57	2	34
981	»	»	30	80	2	3	51	2	33
980	23	17	30	66	2	3	45	2	32
979	23	16	30	53	2	3	39	2	32
978	23	15	30	40	2	3	33	2	31
977	23	14	30	26	2	3	27	2	30
976	»	»	30	13	2	3	21	2	29
975	23	13	30	»	2	3	14	2	28
974	23	12	29	86	2	3	08	2	27
973	23	11	29	73	2	3	02	2	27
972	»	»	29	60	2	2	68	2	26
971	23	10	29	46	2	2	62	2	25
970	23	09	29	33	2	2	56	2	24
969	23	08	29	20	2	2	49	2	23
968	»	»	29	06	2	2	43	2	23
967	23	07	28	93	2	2	37	2	22
966	23	06	28	80	2	2	31	2	21
965	23	05	28	66	2	2	25	2	21
964	23	04	28	53	2	2	19	2	20
963	»	»	28	40	2	2	12	2	19
962	23	03	28	26	2	2	06	2	18
961	23	02	28	13	2	2	»	2	17
960	23	01	28	»	2	1	68	2	16
959	»	»	27	86	2	1	6[illegible]	2	16
958	23	[illegible]	27	73	2	1	5[illegible]	2	1[illegible]
957	22	31	27	60	2	1	[illegible]	2	1[illegible]

TITRES.		ALLIAGE NÉCESSAIRE SUR					
nouveau	ancien	un hectogramme		un marc.			une once.
millièmes.	karats, 32mes.	grammes.	cent.	onces-	gros-	grains	gros. grains.
956	22 30	27	46	2	1	41	2 14
955	» »	27	33	2	1	35	2 13
954	22 29	27	20	2	1	29	2 12
953	22 28	27	06	2	1	23	2 12
952	22 27	26	93	2	1	17	2 11
951	22 26	26	80	2	1	11	2 10
950	» »	26	66	2	1	05	2 10
949	22 25	26	53	2	»	70	2 09
948	22 24	26	40	2	»	64	2 08
947	22 23	26	26	2	»	58	2 08
946	» »	26	13	2	»	52	2 07
945	22 22	26	»	2	»	46	2 06
944	22 21	26	86	2	»	40	2 05
943	22 20	26	73	2	»	33	2 04
942	» »	26	60	2	»	27	2 03
941	22 19	25	46	2	»	21	2 02
940	22 18	25	33	2	»	15	2 02
939	22 17	25	20	2	»	09	2 01
938	22 16	25	06	2	»	03	2 »
937	» »	24	93	1	7	68	2 »
936	22 15	24	80	1	7	62	1 71
935	22 14	24	66	1	7	56	1 70
934	22 13	24	53	1	7	50	1 69
933	» »	24	40	1	7	44	1 68
932	22 12	24	26	1	7	38	1 67
931	22 11	24	13	1	7	32	1 67
930	22 10	24	»	1	7	26	1 66
929	» »	23	86	1	7	19	1 66
928	22 09	23	73	1	7	13	1 65
927	22 08	23	60	1	7	07	1 64
926	22 07	23	46	1	7	01	1 63
925	» »	23	33	1	6	67	1 63
924	22 06	23	20	1	6	61	1 62
923	22 05	23	06	1	6	54	1 61
922	22 04	22	93	1	6	48	1 61
921	22 03	22	80	1	6	42	1 60
920	» »	22	66	1	6	36	1 59
919	22 02	22	53	1	6	30	1 58
918	22 01	22	40	1	6	24	1 58
917	22 »	22	26	1	6	18	1 57
916	» »	22	13	1	6	12	1 56

TITRES.		ALLIAGE NÉCESSAIRE SUR					
nouveau	ancien	un hectogramme		un marc.			une once.
millièmes.	karats, 32mes.	grammes.	cent.	onces-	gros-	grains	gros. grains.
915	21 31	22	»	1	6	06	1 56
914	21 30	21	86	1	6	»	1 55
913	21 29	21	73	1	5	66	1 54
912	» »	21	60	1	5	60	1 54
911	21 28	21	46	1	5	53	1 52
910	21 27	21	33	1	5	47	1 51
909	21 26	21	20	1	5	41	1 51
908	21 25	21	06	1	5	35	1 50
907	» »	20	93	1	5	29	1 49
906	21 24	20	80	1	5	23	1 49
905	21 23	20	66	1	5	17	1 48
904	21 22	20	53	1	5	10	1 47
903	» »	20	40	1	5	04	1 46
902	21 21	20	26	1	4	70	1 45
901	21 20	20	13	1	4	64	1 44
900	21 19	20	»	1	4	58	1 43
899	» »	19	86	1	4	52	1 43
898	21 18	19	73	1	4	45	1 42
897	21 17	19	60	1	4	39	1 41
896	21 16	19	46	1	4	33	1 40
895	21 15	19	33	1	4	27	1 40
894	» »	19	20	1	4	21	1 39
893	21 14	19	06	1	4	15	1 38
892	21 13	18	93	1	4	09	1 38
891	21 12	18	80	1	4	03	1 37
890	» »	18	66	1	3	69	1 36
889	21 11	18	53	1	3	62	1 35
888	21 10	18	40	1	3	56	1 34
887	21 09	18	26	1	3	50	1 33
886	» »	18	13	1	3	44	1 32
885	21 08	18	»	1	3	38	1 32
884	21 07	17	86	1	3	32	1 31
883	21 06	17	73	1	3	26	1 30
882	21 05	17	60	1	3	19	1 29
881	» »	17	46	1	3	13	1 28
880	21 04	17	33	1	3	07	1 27
879	21 03	17	20	1	3	01	1 27
878	21 02	17	06	1	2	67	1 26
877	» »	16	93	1	2	61	1 25
876	21 01	16	80	1	2	54	1 24
875	21 »	16	66	1	2	48	1 23

TITRES		ALLIAGE NÉCESSAIRE sur							
nouveau	ancien		un hectogramme		un marc			une once	
millièmes	karats	32mes	grammes	cent	onces	gros	grains	gros	grains
874	20	31	16	53	1	2	42	1	22
873	»	»	16	40	1	2	36	1	21
872	20	30	16	26	1	2	30	1	20
871	20	29	16	13	1	2	24	1	19
870	20	28	16	»	1	2	18	1	19
869	»	»	15	86	1	2	11	1	18
868	20	27	15	73	1	2	5	1	18
867	20	26	15	60	1	1	71	1	17
866	20	25	15	46	1	1	65	1	16
865	20	24	15	33	1	1	59	1	15
864	»	»	15	20	1	1	53	1	15
863	20	23	15	06	1	1	46	1	14
862	20	22	14	93	1	1	40	1	13
861	20	21	14	80	1	1	34	1	13
860	»	»	14	66	1	1	28	1	12
859	20	20	14	53	1	1	22	1	11
858	20	19	14	40	1	1	16	1	11
857	20	18	14	26	1	1	10	1	10
856	»	»	14	13	1	1	3	1	9
855	20	17	14	»	1	»	69	1	8
854	20	16	13	86	1	»	63	1	7
853	20	15	13	73	1	»	57	1	6
852	20	14	13	60	1	»	51	1	6
851	»	»	13	46	1	»	45	1	5
850	20	13	13	33	1	»	39	1	4
849	20	12	13	20	1	»	32	1	3
848	20	11	13	06	1	»	26	1	3
847	»	»	12	93	1	»	20	1	2
846	20	10	12	80	1	»	14	1	1
845	20	09	12	66	1	»	8	1	»
844	20	08	12	53	1	»	2	»	71
843	»	»	12	40	»	7	68	»	70
842	20	7	12	26	»	7	62	»	69
841	20	6	12	13	»	7	55	»	69
840	20	5	12	»	»	7	49	»	68
839	20	4	11	86	»	7	43	»	67
838	»	»	11	73	»	7	37	»	67
837	20	3	11	60	»	7	31	»	66
836	20	2	11	46	»	7	25	»	65
835	20	1	11	33	»	7	18	»	65
834	»	»	11	20	»	7	12	»	64

TITRES		ALLIAGE NÉCESSAIRE sur							
nouveau	ancien		un hectogramme		un marc			une once	
millièmes	karats	32mes	grammes	cent	onces	gros	grains	gros	grains
833	20	»	11	6	»	7	6	»	63
832	19	31	10	93	»	7	»	»	63
831	19	30	10	80	»	6	66	»	62
830	»	»	10	66	»	6	60	»	62
829	19	29	10	53	»	6	54	»	61
828	19	28	10	40	»	6	48	»	60
827	19	27	10	26	»	6	41	»	59
826	19	26	10	13	»	6	35	»	58
825	»	»	10	»	»	6	29	»	58
824	19	25	9	86	»	6	23	»	57
823	19	24	9	73	»	6	17	»	56
822	19	23	9	60	»	6	11	»	56
821	»	»	9	46	»	6	5	»	55
820	19	22	9	33	»	5	70	»	54
819	19	21	9	20	»	5	64	»	54
818	19	20	9	6	»	5	58	»	53
817	»	»	8	93	»	5	52	»	52
816	19	19	8	80	»	5	46	»	52
815	19	18	8	66	»	5	40	»	51
814	19	17	8	53	»	5	34	»	50
813	19	16	8	40	»	5	27	»	49
812	»	»	8	26	»	5	21	»	48
811	19	15	8	13	»	5	15	»	47
810	19	14	8	»	»	5	9	»	46
809	19	13	7	86	»	5	3	»	45
808	»	»	7	73	»	4	69	»	45
807	19	12	7	60	»	4	63	»	44
806	19	11	7	46	»	4	56	»	43
805	19	10	7	53	»	4	50	»	43
804	»	»	7	20	»	4	44	»	42
803	19	9	7	6	»	4	38	»	41
802	19	8	6	93	»	4	32	»	40
801	19	7	6	80	»	4	25	»	39
800	»	»	6	66	»	4	19	»	38
799	19	6	6	53	»	4	13	»	38
798	19	5	6	40	»	4	7	»	37
797	19	4	6	26	»	4	1	»	36
796	19	3	6	13	»	3	67	»	35
795	»	»	6	»	»	3	61	»	35
794	19	2	5	86	»	3	54	»	34
793	19	1	5	73	»	3	48	»	33

TITRES		ALLIAGE NÉCESSAIRE SUR							
NOUVEAU	ANCIEN.	un hectogramme.		un marc.			une once.		
millièmes.	karats.	32èmes	grammes.	cent.	onces.	gros.	grains.	gros.	grains.
792	19	»	5	60	»	3	42	»	33
791	»	»	5	46	»	3	36	»	32
790	18	31	5	33	»	3	30	»	31
789	18	30	5	20	»	3	24	»	30
788	18	29	5	6	»	3	18	»	30
787	»	»	4	93	»	3	11	»	29
786	18	28	4	80	»	3	5	»	28
785	18	27	4	66	»	2	71	»	27
784	18	26	4	53	»	2	65	»	26
783	18	25	4	40	»	2	59	»	26
782	»	»	4	26	»	2	53	»	25
781	18	24	4	13	»	2	46	»	24
780	18	23	4	»	»	2	40	»	23
779	18	22	3	86	»	2	34	»	23
778	»	»	3	73	»	2	28	»	22
777	18	21	3	60	»	2	22	»	21
776	18	20	3	46	»	2	16	»	21
775	18	19	3	33	»	2	09	»	20
774	»	»	3	20	»	2	3	»	19
773	18	18	3	06	»	1	69	»	18
772	18	17	2	93	»	1	63	»	17

TITRES.		ALLIAGE NÉCESSAIRE SUR							
NOUVEAU	ANCIEN.	un hectogramme.		un marc.			une once.		
millièmes.	karats.	32èmes	grammes.	cent.	onces.	gros.	grains.	gros.	grains.
771	18	16	2	80	»	1	57	»	16
770	18	15	2	66	»	1	51	»	15
769	»	»	2	53	»	1	45	»	15
768	18	14	2	40	»	1	38	»	14
767	18	13	2	26	»	1	32	»	13
766	18	12	2	13	»	1	26	»	12
765	»	»	2	»	»	1	20	»	11
764	18	11	1	86	»	1	13	»	10
763	18	10	1	73	»	1	7	»	9
762	18	9	1	60	»	1	1	»	9
761	»	»	1	46	»	»	67	»	8
760	18	8	1	33	»	»	61	»	7
759	18	7	1	20	»	»	55	»	7
758	18	6	1	06	»	»	48	»	6
757	18	5	»	93	»	»	42	»	5
756	»	»	»	80	»	»	36	»	5
755	18	4	»	66	»	»	30	»	4
754	18	3	»	53	»	»	24	»	3
753	18	2	»	40	»	»	18	»	3
752	»	»	»	26	»	»	12	»	2
751	18	1	»	13	»	»	6	»	1

La seconde table d'alliage a pour objet d'indiquer la quantité d'or fin à ajouter à de l'or à bas titre, pour élever ce dernier à 750 millièmes ou 18 karats.

Cette table a été calculée d'après les divers titres supérieurs que l'on est dans l'usage d'employer dans le commerce.

On se sert ordinairement, pour élever le titre de l'or, de vieux louis, ou de guinées, ou de ducats ; c'est en conséquence de l'or de ces trois espèces de monnaie que l'on a employé dans la table ci-après.

Exemple. On veut bonifier le titre d'un marc d'or à 17 karats ou 708 millièmes, et l'élever à 750 millièmes :

Si l'or fin que l'on emploie à la bonification provient de ducats, il faut en mettre 1 once, 3 gros, 27 grains ;

S'il provient de guinées, il en faut 2 onces ;

S'il provient de vieux louis, il en faut 2 onces, 1 gros, 47 grains.

Du reste on peut au besoin recourir aux règles d'alliage, qui sont à la fin de cet ouvrage.

Bonifier de l'or à bas titre et l'élever à 750 millièmes, troisième titre.

Titres à bonifier. Anciens	Nouveaux	Or de ducats, à 23 karats 20 32.e ou 98 ¼ millièmes. — Sur un marc (onc. gros. grains)	Sur 4 onces (onc. gros. grains)	Or de guinées, à 22 karats ou 917 millièmes. — Sur un marc (onc. gros. grains)	Sur 4 onces (onc. gros. grains)	Vieux louis, à 21 karats 20 32.e ou 901 millièmes. — Sur un marc (onc. gros. grains)	Sur 4 onces (onc. gros. grains)
17 30	747	» » 51	» » 26	» 1 »	» » 36	» 1 7	» » 40
17 28	745	» 1 30	» » 51	» 2 »	» 1 »	» 2 15	» 1 8
17 26	742	» 2 9	» 1 5	» 3 »	» 1 36	» 3 22	» 1 47
17 24	740	» 2 61	» 1 31	» 4 »	» 2 »	» 4 30	» 2 15
17 22	737	» 3 40	» 1 56	» 5 »	» 2 36	» 5 37	» 2 54
17 20	734	» 4 19	» 2 10	» 6 »	» 3 »	» 6 45	» 3 23
17 18	732	» 4 70	» 2 35	» 7 »	» 3 36	» 7 52	» 3 62
17 16	729	» 5 50	» 2 61	1 » »	» 4 »	1 » 60	» 4 30
17 14	727	» 6 29	» 3 15	1 1 »	» 4 36	1 1 67	» 4 70
17 12	724	» 7 8	» 3 40	1 2 »	» 5 »	1 3 2	» 5 37
17 10	721	» 7 59	» 3 66	1 3 »	» 5 36	1 4 10	» 6 5
17 8	719	1 » 38	» 4 19	1 4 »	» 6 »	1 5 17	» 6 45
17 6	716	1 1 17	» 4 45	1 5 »	» 6 36	1 6 24	» 7 12
17 4	714	1 1 69	» 4 71	1 6 »	» 7 »	1 7 32	» 7 52
17 2	711	1 2 48	» 5 24	1 7 »	» 7 36	2 » 39	1 » 20
17 »	708	1 3 27	» 5 50	2 » »	1 » »	2 1 47	1 » 60
16 30	706	1 4 6	» 6 3	2 1 »	1 » 36	2 2 54	1 1 27
16 28	703	1 4 58	» 6 29	2 2 »	1 1 »	2 3 62	1 1 67
16 26	701	1 5 37	» 6 55	2 3 »	1 1 36	2 4 69	1 2 35
16 24	698	1 6 16	» 7 8	2 4 »	1 2 »	2 6 5	1 3 3
16 22	695	1 6 67	» 7 39	2 5 »	1 2 36	2 7 12	1 3 42
16 20	693	1 7 46	» 7 59	2 6 »	1 3 »	3 » 20	1 4 10
16 18	690	2 » 25	1 » 13	2 7 »	1 3 36	3 1 27	1 4 50
16 16	687	2 1 5	1 » 39	3 » »	1 4 »	3 2 35	1 5 18
16 14	685	2 1 56	1 » 64	3 1 »	1 4 36	3 3 42	1 5 57
16 12	682	2 2 35	1 1 18	3 2 »	1 5 »	3 4 50	1 6 25
16 10	680	2 3 14	1 1 43	3 3 »	1 5 36	3 5 57	1 6 65
16 8	677	2 3 66	1 1 69	3 4 »	1 6 »	3 6 65	1 7 33
16 6	674	2 4 45	1 2 23	3 5 »	1 6 36	4 » »	2 » »
16 4	672	2 5 24	1 2 48	3 6 »	1 7 »	4 1 7	2 » 40
16 2	669	2 6 3	1 3 2	3 7 »	1 7 36	4 2 14	2 1 7
16 »	667	2 6 54	1 3 27	4 » »	2 » »	4 3 22	2 1 47
15 30	664	2 7 33	1 3 53	4 1 »	2 » 36	4 4 30	2 2 15
15 28	661	3 » 12	1 4 6	4 2 »	2 1 »	4 5 37	2 2 54
15 26	559	3 » 63	1 4 32	4 3 »	2 1 36	4 6 45	2 3 22
15 24	656	3 1 43	1 4 57	4 4 »	2 2 »	4 7 52	2 3 62
15 22	654	3 2 21	1 5 10	4 5 »	2 2 36	5 » 60	2 4 15
15 20	651	3 3 »	1 5 36	4 6 »	2 3 »	5 1 67	2 4 60

La troisième table d'alliage offre la facilité de réduire les titres supérieurs de l'argent, et de les allier à 950 mill. 10 den. 9 grains et demi.

Cette opération n'exige aucun calcul, en voici un seul exemple qui suffira pour l'intelligence :

On a de l'argent à 990 millièmes que l'on veut réduire à 950 millièmes ;

On cherche le titre à allier, 990, et l'on trouve, dans les troisième et quatrième colonnes, que, sur un hectogramme d'argent à 990, il faut 4 grammes et 21 centigrammes d'alliage, ou que, sur un marc du même argent, il faut 2 gros et 50 grains.

Allier ou réduire de l'argent fin au premier titre, 950 millièmes ou 11 den. 9 gr. ¼.

TITRES À ALLIER.		ALLIAGE NÉCESSAIRE		TITRES À ALLIER.		ALLIAGE NÉCESSAIRE	
ANCIEN.	NOUVEAU.	SUR UN HECTOGR.	SUR UN MARC.	ANCIEN.	NOUVEAU.	SUR UN HECTOGR.	SUR UN MARC.
deniers. grains.	millièmes.	grammes. cent.	gros. grains.	deniers. grains.	millièmes.	grammes. cent.	gros. grains.
12	1000	5 26	3 27	11 16 ½	974	2 53	1 45
11 23 ½	998	5 05	3 17	11 16	972	2 32	1 35
11 23	997	4 96	3 12	11 15 ½	970	2 11	1 26
11 22 ½	995	4 74	3 2	11 15	969	2 »	1 21
11 22	993	4 53	2 64	11 14 ½	967	1 79	1 13
11 21 ½	991	4 31	2 55	11 14	965	1 58	1 2
11 21	990	4 21	2 50	11 13 ½	964	1 47	» 69
11 20 ½	988	4 »	2 41	11 13	962	1 26	» 59
11 20	986	3 79	2 31	11 12 ½	960	1 05	» 50
11 19 ½	984	3 58	2 21	11 12	958	» 84	» 40
11 19	983	3 48	2 16	11 11 ½	957	» 74	» 35
11 18 ½	981	3 27	2 7	11 11	955	» 53	» 25
11 18	979	3 06	1 70	11 10 ½	953	» 32	» 15
11 17 ½	977	2 85	1 60	11 10	951	» 11	» 5
11 17	976	2 74	1 55	11 9 ¼			

La quatrième table sert à bonifier de l'argent à des titres inférieurs, pour l'élever au premier titre, 950 millièmes.

Les bonifications sont faites, dans cette table, avec de l'argent fin, aux divers titres que l'on emploie le plus habituellement dans le commerce.

Exemple de l'usage de la table. On veut allier un marc d'argent au titre de 892 millièmes et l'élever au premier titre, 950 millièmes, la table indique que, si l'argent que l'on emploie à la bonification est à 993 mill., 11 den. 22 grains, il faut, sur un marc, en ajouter 1 marc, 2 onces, 4 gros, 35 grains.

Si l'argent fin n'est qu'à 990 millièmes, ou 11 den. 21 grains, il faut, sur un marc, 1 marc, 3 onces, 3 gros, 59 grains.

Enfin si l'argent fin est à 986, ou 11 den. 20 grains, il faut, sur un marc, 1 marc, 4 onces, 4 gros, 41 grains.

Du reste, et au cas de difficultés, il faudrait avoir recours aux règles d'alliage, qui sont à la fin de ce volume.

Bonifier de l'argent et l'élever au premier titre 950 millièmes, ou 11 den. 9 grains ¹/₂.

TITRES A BONIFIER.		ARGENT FIN										
ANCIENS.	NOUVEAUX.	A 11 DEN. 22 GRAINS OU 993 MIL. SUR UN MARC.				A 11 DEN. 21 GRAINS OU 990 MIL. SUR UN MARC.				A 11 DEN. 20 GRAINS OU 986 MIL. SUR UN MARC.		
deniers. grains.	millièmes.	m.	onc.	gros.	grains	m.	onc.	gros.	grains.	m.	onc.	gros.	grains
11 9	948	»	»	2	40	»	»	2	56	»	»	3	3
11 8 ¹/₂	946	»	»	5	8	»	»	5	40	»	»	6	7
11 8	944	»	»	7	48	»	1	»	25	»	1	1	10
11 7 ¹/₂	943	»	1	2	17	»	1	3	9	»	1	4	14
11 7	941	»	1	4	57	»	1	5	66	»	1	7	17
11 6 ¹/₂	939	»	1	7	26	»	2	»	50	»	2	2	21
11 6	938	»	2	1	66	»	2	3	·35	»	2	5	24
11 5 ¹/₂	936	»	2	4	34	»	2	6	43	»	3	»	28
11 5	934	»	2	7	3	»	3	1	3	»	3	3	31
11 4 ¹/₂	932	»	3	1	43	»	3	3	60	»	3	6	34
11 4	931	»	3	4	12	»	3	6	44	»	4	1	38
11 3 ¹/₂	929	»	3	6	52	»	4	1	29	»	4	4	41
11 3	927	»	4	1	10	»	4	4	13	»	4	7	45
11 2 ¹/₂	925	»	4	3	61	»	4	6	69	»	5	2	48
11 2	924	»	4	6	39	»	5	1	54	»	5	5	52
11 1 ¹/₂	922	»	5	»	69	»	5	4	38	»	6	»	55
11 1	920	»	5	3	38	»	5	7	22	»	6	3	58

TITRES A BONIFIER.			ARGENT FIN											
ANCIENS.		NOUVEAUX.	A 11 DEN. 22 GRAINS OU 993 MIL.				A 11 DEN. 21 GRAINS OU 990 MIL.				A 11 DEN. 20 GRAINS OU 986 MIL.			
			SUR UN MARC.				SUR UN MARC.				SUR UN MARC.			
deniers.	grains.	millièmes.	m.	onc.	gros.	grains.	m.	onc.	gros.	grains.	m.	onc.	gros.	grains.
11	» 1/2	918	»	5	6	6	»	6	2	7	»	6	6	62
11	»	917	»	6	»	46	»	6	4	63	»	7	1	65
10	23 1/2	915	»	6	3	15	»	6	7	47	»	7	4	69
10	23	913	»	6	5	55	»	7	2	31	1	»	»	»
10	22 1/2	911	»	7	»	»	»	7	5	16	1	»	3	4
10	22	910	»	7	2	40	1	»	»	»	1	»	6	7
10	21 1/2	908	»	7	5	8	1	»	2	56	1	1	1	11
10	21	906	1	»	»	»	1	»	5	41	1	1	4	14
10	20 1/2	905	1	»	2	41	1	1	»	25	1	1	7	17
10	20	903	1	»	5	9	1	1	3	10	1	2	2	21
10	19 1/2	901	1	»	7	25	1	1	5	66	1	2	5	24
10	19	899	1	1	2	17	1	2	»	50	1	3	»	27
10	18 1/2	898	1	1	4	58	1	2	3	35	1	3	3	31
10	18	896	1	1	7	26	1	2	6	19	1	3	6	34
10	17 1/2	894	1	2	1	66	1	3	1	3	1	4	1	38
10	17	892	1	2	4	35	1	3	3	59	1	4	4	41
10	16 1/2	891	1	2	7	3	1	3	6	44	1	4	7	45
10	16	889	1	3	1	43	1	4	1	28	1	5	2	48
10	15 1/2	887	1	3	4	11	1	4	4	12	1	5	5	52
10	15	885	1	3	6	52	1	4	6	69	1	6	»	55
10	14 1/2	884	1	4	1	29	1	5	1	53	1	6	3	59
10	14	882	1	4	3	61	1	5	4	38	1	6	6	62
10	13 1/2	880	1	4	6	29	1	5	7	22	1	7	1	65
10	13	878	1	5	»	69	1	6	2	6	1	7	4	69
10	12 1/2	877	1	5	3	38	1	6	4	62	2	»	»	»
10	12	875	1	5	6	6	1	6	7	47	2	»	3	3
10	11 1/2	873	1	6	»	47	1	7	2	31	2	»	6	6
10	11	872	1	6	3	15	1	7	5	16	2	1	1	10
10	10 1/2	870	1	6	5	55	2	»	»	»	2	1	4	13
10	10	868	1	7	»	23	2	»	2	57	2	1	7	17
10	9 1/2	866	1	7	2	64	2	»	5	41	2	2	2	20
10	9	865	1	7	5	32	2	1	»	25	2	2	5	24
10	8 1/2	863	2	»	»	1	2	1	3	10	2	3	»	27
10	8	861	2	»	2	41	2	1	5	66	2	3	3	31
10	7 1/2	859	2	»	5	9	2	2	»	51	2	3	6	34
10	7	858	2	»	7	50	2	2	3	35	2	4	1	37
10	6 1/2	856	2	1	2	18	2	2	6	19	2	4	4	41
10	6	854	2	1	4	58	2	3	1	3	2	4	7	45
10	5 1/2	852	2	1	7	20	2	3	3	60	2	5	2	48

TITRES A BONIFIER.		ARGENT FIN											
ANCIENS.	NOUVEAUX.	A 11 DEN. 22 GRAINS OU 993 MIL.				A 11 DEN. 21 GRAINS OU 990 MIL.				A 11 DEN. 20 GRAINS OU 986 MIL.			
		SUR UN MARC.				SUR UN MARC.				SUR UN MARC.			
deniers. grains.	millièmes.	m.	onc.	gros.	grains.	m.	onc.	gros.	grains.	m.	onc.	gros.	grains.
10 5	851	2	2	1	67	2	3	6	44	2	5	5	52
10 4 ½	849	2	2	4	35	2	4	1	29	2	6	»	55
10 4	847	2	2	7	3	2	4	4	13	2	6	3	58
10 3 ½	845	2	3	1	43	2	4	6	69	2	6	6	62
10 3	844	2	3	4	13	2	5	1	53	2	7	1	65
10 2 ½	842	2	3	6	53	2	5	4	38	2	7	4	69
10 2	840	2	4	1	21	2	6	7	22	3	»	3	»
10 1 ½	839	2	4	3	61	2	6	2	7	3	»	6	4
10 1	837	2	4	6	29	2	6	4	63	3	1	1	-
10 » ½	835	2	5	»	69	2	6	7	47	3	1	4	10
10 »	833	2	5	3	37	2	7	2	31	3	1	7	14

(79)

La table d'alliage ci-après doit servir à bonifier de l'argent à des titres inférieurs, et l'élever à 800 mill. 9 den. 14 grains et demi.

Les alliages sont calculés, dans cette table, d'après les matières que le commerce emploie ordinairement.

Ces matières sont : 1°. de l'argent de départ, à 993 mill. ou 11 den. 22 grains;

2°. Des écus de six livres de France, ... à 906 mill. ou 10 den. 21 grains;

3°. Des piastres d'Espagne, ... à 896 mill. ou 10 den. 18 grains.

Ainsi si l'on veut, par exemple, bonifier de l'argent à 760 millièmes, et élever ce titre jusqu'à 800 millièmes, on trouvera, dans les 4 colonnes de la table, les résultats suivans :

Si l'on emploie à la bonification de l'argent, à 993 millièmes, 11 den. 22 grains, il en faudra sur un marc 1 once, 5 gros, 18 grains.

Si l'on emploie des écus de six livres, dont le titre est à 906 mill. 10 den. 21 grains, il en faudra sur un marc 3 onces et 9 grains.

Si enfin on emploie des piastres, dont le titre est à 896 mill. 10 den. 18 grains, il en faudra sur un marc 3 onces, 2 gros, 55 grains.

Bonifier de l'argent, et l'élever au deuxième titre, à 800 millièmes ou 9 deniers 14 grains et demi.

TITRES À BONIFIER		ARGENT à 11 deniers, 22 grains, 993 millièmes.			ECUS de 6 livres de France, à 10 den. 21 grains, 906 mill.			PIASTRES d'Espagne, à 18 den. 18 grains, 896 mill.		
ANCIENS.	NOUVEAUX.	SUR UN MARC.			SUR UN MARC.			SUR UN MARC.		
Den. Grains.	Millièmes.	Onces.	Gros.	Grains.	Onces.	Gros.	Grains.	Onces.	Gros.	Grains.
9 14½	800	»	»	»	»	»	»	»	»	»
9 14	799	»	»	42	»	1	4	»	1	12
9 13½	797	»	1	11	»	2	7	»	2	24
9 13	795	»	1	53	»	3	11	»	3	35
9 12½	793	»	2	22	»	4	14	»	4	47
9 12	792	»	2	64	»	5	18	»	5	59
9 11½	790	»	3	33	»	6	21	»	6	71
9 11	788	»	4	03	»	7	25	1	»	10
9 10½	786	»	4	44	1	»	28	1	1	23
9 10	785	»	5	14	1	1	32	1	2	35
9 9½	783	»	5	56	1	2	35	1	3	47
9 9	781	»	6	26	2	3	37	1	4	59
9 8½	779	»	6	67	1	4	42	1	5	46
9 8	778	»	7	37	1	5	46	1	7	10
9 7½	776	1	»	06	1	6	49	2	»	22
9 7	771	1	»	48	1	7	53	2	1	34
9 6½	772	1	1	18	1	»	56	2	2	46

TITRES A BONIFIER		ARGENT à 11 deniers, 22 grains, 993 millièmes.			ÉCUS de 6 livres de France à 10 den. 21 grains, 906 mill.			PIASTRES d'Espagne, à 10 den. 18 grains, 895 mill.		
ANCIENS.	NOUVEAUX.	SUR UN MARC.			SUR UN MARC.			SUR UN MARC.		
Den. Grains.	millièmes	Onces.	Gros.	Grains	Onces	Gros	Grains.	Onces	Gros	Grains
9 6	771	1	1	59	2	1	60	2	3	57
9 5½	769	1	2	29	2	2	61	2	4	69
9 5	767	1	2	69	2	3	67	2	6	09
9 4½	765	1	3	38	2	4	70	2	7	21
9 4	764	1	4	07	2	6	02	3	»	32
9 3½	762	1	4	49	2	7	05	3	1	44
9 3	760	1	5	18	3	»	9	3	2	55
9 2½	758	1	5	58	3	1	12	3	3	67
9 2	757	1	6	28	3	2	16	3	5	07
9 1½	755	1	6	70	3	3	19	3	6	18
9 1	753	1	7	41	3	4	23	3	7	30
9 »½	751	2	»	11	3	5	26	4	»	43
9 »	750	2	»	52	3	6	30	4	1	54
8 23½	748	2	1	22	3	7	33	4	2	66
8 23	747	2	1	63	4	»	37	4	4	06
8 22½	745	2	2	33	4	1	41	4	5	15
8 22	743	2	3	02	4	2	44	4	6	29
8 21½	741	2	3	44	4	3	48	4	7	41
8 21	740	2	4	13	4	4	51	5	»	53
8 20½	738	2	4	55	4	5	55	5	1	65
8 20	736	2	5	24	4	6	59	5	3	04
8 19½	734	2	5	66	4	7	62	5	4	16
8 19	733	2	6	35	5	1	17	5	5	28
8 18½	731	2	7	05	5	2	21	5	6	39
8 18	729	3	7	46	5	3	01	5	7	51
8 17½	727	3	»	16	5	4	05	6	»	63
8 17	726	3	»	57	5	5	09	6	2	03
8 16½	724	3	1	27	5	6	12	6	3	14
8 16	722	3	1	68	5	7	16	6	4	26
8 15½	720	3	2	38	6	»	19	6	5	38
8 15	719	3	3	07	6	1	23	6	6	50
8 14½	717	3	3	49	6	2	26	6	7	62
8 14	715	3	4	18	6	3	30	7	1	01
8 13½	713	3	4	60	6	4	33	7	2	13
8 13	712	3	5	29	6	5	37	7	3	25
8 12½	710	3	5	71	6	6	40	7	4	37
8 12	708	3	6	41	6	7	44	7	5	48

TABLE D'ALLIAGE,

*Pour réduire de l'argent à des titres supérieurs et l'allier à 800 millièmes ou
9 den. 14 grains et demi.*

L'usage de cette table n'exige pas le moindre calcul; il suffit de chercher, dans la première colonne à gauche, le titre que l'on veut réduire, et de voir dans la colonne suivante la quantité d'alliage nécessaire sur un hectogramme ou sur un marc.

Exemple. On veut réduire à 800 millièmes de l'argent qui est au titre de 988 millièmes;

On cherche le titre 988 dans la première colonne à gauche, et l'on trouve, dans les troisième et quatrième colonnes, qu'il faut sur un hectogramme d'argent, à 988 millièmes, 23 gramm. 50 centigr. d'alliage, pour le réduire à 800, et qu'il faut, sur un marc du même argent, 7 gros et 3 grains, pour le réduire à ce même titre, 800 millièmes.

Allier de l'argent, et le réduire au deuxième titre (800 millièmes, 9 deniers, 14 grains et demi).

TITRES À ALLIER.		ALLIAGE NÉCESSAIRE SUR UN	
ANCIENS.	NOUVEAUX	HECTOGRAMME.	MARC.
			Onces. Gros. Grains.
12 »	1000	25	2 » »
11 23 ½	998	24 75	1 7 60
11 23	997	24 62	1 7 53
11 22 ½	995	24 37	1 7 43
11 22	993	24 12	1 7 31
11 21 ½	991	23 87	1 7 20
11 21	990	23 75	1 7 14
11 20 ½	988	23 50	1 7 03
11 20	986	23 25	1 6 63
11 19 ½	984	23 »	1 6 52
11 19	983	22 87	1 6 46
11 18 ½	981	22 62	1 6 34
11 18	979	22 37	1 6 23
11 17 ½	977	22 12	1 6 11
11 17	976	22 »	1 6 05
11 16 ½	974	21 75	1 5 66
11 16	972	21 50	1 5 54
11 15 ½	970	21 25	1 5 43
11 15	969	21 12	1 5 37
11 14 ½	967	20 87	1 5 25
11 14	965	20 62	1 5 14

TITRES À ALLIER.		ALLIAGE NÉCESSAIRE SUR UN	
ANCIENS.	NOUVEAUX	HECTOGRAMME.	MARC.
			Onces. Gros. Grains.
11 13 ½	964	20 50	1 5 08
11 13	962	20 25	1 4 68
11 12 ½	960	20 »	1 4 57
11 12	958	19 75	1 4 45
11 11 ½	957	19 62	1 4 39
11 11	955	19 37	1 4 28
11 10 ½	953	19 12	1 4 16
11 10	951	18 87	1 4 05
11 9 ½	950	18 75	1 4 »
11 9	948	18 50	1 3 60
11 8 ½	946	18 25	1 3 49
11 8	944	18 »	1 3 37
11 7 ½	943	17 87	1 3 31
11 7	941	17 62	1 3 20
11 6 ½	939	17 37	1 3 08
11 6	938	17 25	1 3 02
11 5 ½	936	17 »	1 2 63
11 5	934	16 75	1 2 52
11 4 ½	932	16 50	1 2 40
11 4	931	16 37	1 2 34
11 3 ½	929	16 12	1 2 23

TITRES A ALLIER.		ALLIAGE NÉCESSAIRE sur un			TITRES A ALLIER.		ALLIAGE NÉCESSAIRE sur un		
ANCIENS.	NOUVEAUX.	HECTOGRAMME	MARC.		ANCIENS.	NOUVEAUX.	HECTOGRAMME	MARC.	
			Onc. Gros. Grains.					Onc. Gros. Grains.	
11 3	927	15 87	1 2 12		10 8 $\frac{1}{2}$	863	7 87	» 5 03	
11 2 $\frac{1}{2}$	925	15 62	1 2 »		10 8	861	7 62	» 4 63	
11 2	924	15 50	1 1 66		10 7 $\frac{1}{2}$	859	7 37	» 4 52	
11 1 $\frac{1}{2}$	922	15 25	1 1 55		10 7	858	7 25	» 4 46	
11 1	920	15 »	1 1 43		10 6 $\frac{1}{2}$	856	7 »	» 4 35	
11 » $\frac{1}{2}$	918	14 75	1 1 32		10 6	854	6 75	» 4 24	
11 »	917	14 62	1 1 26		10 5 $\frac{1}{2}$	852	6 50	» 4 12	
10 23 $\frac{1}{2}$	915	14 37	1 1 14		10 5	851	6 37	» 4 06	
10 23	913	14 12	1 1 03		10 4 $\frac{1}{2}$	849	6 12	» 3 67	
10 22 $\frac{1}{2}$	911	13 87	1 » 63		10 4	847	5 87	» 3 55	
10 22	910	13 75	1 » 58		10 3 $\frac{1}{2}$	845	5 62	» 3 44	
10 21 $\frac{1}{2}$	908	13 50	1 » 47		10 3	844	5 50	» 3 38	
10 21	906	13 25	1 » 35		10 2 $\frac{1}{2}$	842	5 25	» 3 26	
10 20 $\frac{1}{2}$	905	13 12	1 » 29		10 2	840	5 »	» 3 15	
10 20	903	12 87	1 » 18		10 1 $\frac{1}{2}$	839	4 87	» 3 09	
10 19 $\frac{1}{2}$	901	12 62	1 » 06		10 1	837	4 62	» 2 69	
10 19	899	12 37	» 7 67		10 » $\frac{1}{2}$	835	4 37	» 2 58	
10 18 $\frac{1}{2}$	898	12 25	» 7 61		10 »	833	4 12	» 2 46	
10 18	896	12 »	» 7 49		9 23 $\frac{1}{2}$	832	4 »	» 2 40	
10 17 $\frac{1}{2}$	894	11 75	» 7 38		9 23	830	3 75	» 2 30	
10 17	892	11 50	» 7 26		9 22 $\frac{1}{2}$	828	3 50	» 2 18	
10 16 $\frac{1}{2}$	891	11 37	» 7 20		9 22	826	3 25	» 2 06	
10 16	889	11 12	» 7 9		9 21 $\frac{1}{2}$	825	3 12	» 2 »	
10 15 $\frac{1}{2}$	887	10 87	» 6 69		9 21	823	2 87	» 1 60	
10 15	885	10 62	» 6 58		9 20 $\frac{1}{2}$	821	2 62	» 1 49	
10 14 $\frac{1}{2}$	884	10 50	» 6 52		9 20	819	2 37	» 1 37	
10 14	882	10 25	» 6 40		9 19 $\frac{1}{2}$	818	2 25	» 1 31	
10 13 $\frac{1}{2}$	880	10 »	» 6 29		9 19	816	2 »	» 1 19	
10 13	878	9 75	» 6 17		9 18 $\frac{1}{2}$	814	1 75	» 1 8	
10 12 $\frac{1}{2}$	877	9 62	» 6 11		9 18	813	1 62	» 1 02	
10 12	875	9 37	» 6 »		9 17 $\frac{1}{2}$	811	1 37	» » 62	
10 11 $\frac{1}{2}$	873	9 12	» 5 60		9 17	809	1 12	» » 51	
10 11	872	9 »	» 5 54		9 16 $\frac{1}{2}$	807	» 87	» » 39	
10 10 $\frac{1}{2}$	870	8 75	» 5 42		9 16	806	» 75	» » 33	
10 10	868	8 50	» 5 31		9 15 $\frac{1}{2}$	804	» 50	» » 21	
10 9 $\frac{1}{2}$	866	8 25	» 5 19		9 15	802	» 25	» » 09	
10 9	865	8 12	» 5 14		9 14 $\frac{1}{2}$	800	» »	» » »	

ALLIAGES.

La nouvelle échelle du titre de l'or et de l'argent a tellement simplifié les règles d'alliage que l'ouvrier le moins familier avec les calculs peut, avec un peu d'attention, se rendre compte facilement des opérations de ce genre dont il peut avoir besoin.

Le principal avantage de la nouvelle échelle est d'avoir placé sous la même dénomination, et par conséquent soumis aux mêmes calculs, les titres de l'or et de l'argent qui s'exprimaient autrefois, l'un en karats et 32es. de karat, l'autre en deniers, grains et demi-grains, et qui se désignent l'un et l'autre aujourd'hui *en millièmes*.

Il est facile à concevoir que ces karats et 32es. devaient présenter des fractions gênantes dans les calculs. La nouvelle échelle au contraire n'en offre que de très-insignifiantes que l'on pourrait négliger lorsqu'on n'a pas besoin d'une rigoureuse exactitude.

Il suffit de prêter un peu d'attention aux principes du nouveau système pour reconnaître ses nombreux avantages dans les calculs d'alliage et lui donner la préférence.

Les *millièmes* qui indiquent aujourd'hui le titre de l'or et de l'argent se nomment ainsi, parce qu'ils sont une division ou une millième partie du gramme, unité du poids décimal, en sorte que le titre de la matière est toujours en rapport avec son poids décimal, puisque le millième est à un gramme, comme un gramme est à un kilogramme.

Le titre de l'or et de l'argent se détermine donc en soumettant à la coupellation et ensuite au départ, si c'est de l'or, un poids exactement pesé de 1000 millièmes (ou 1 gramme), nombre que l'on admet pour représenter l'or ou l'argent parfaitement pur, et en déterminant par le poids du bouton ou du cornet de retour, et indique la quantité de fin contenue dans chaque 1000 millièmes ou dans chaque gramme.

Si un bouton d'argent pèse 800 millièmes, il a perdu à la coupellation 200 millièmes d'alliage ; donc l'argent, soumis à l'essai, est au titre de 800 millièmes de fin par gramme de poids, et par conséquent un kilogramme de cet argent contient 800 grammes de fin.

Malgré l'extrême facilité qui résulte de l'adoption du nouveau système pour les titres de l'or et de l'argent, il est néanmoins indispensable de bien connaître les quatre règles fondamentales de l'arithmétique pour pouvoir faire *tous les calculs d'alliage*. Mais il y a plusieurs règles qui exigent peu de travail et qui, par cette raison, peuvent être très-utiles aux personnes qui ne sont point familiarisées avec les calculs. Je vais tâcher d'indiquer, le plus clairement qu'il me sera possible, quelques règles au moyen desquelles on peut faire tous les alliages quelconques. J'aurai soin de me borner à donner plusieurs exemples de chaque règle sans entrer dans des raisonnemens arithmétiques qui ne feraient qu'obscurcir au lieu d'éclairer la matière.

PREMIÈRE RÈGLE.

On a une quantité *indéterminée* d'or ou d'argent à un titre supérieur, que l'on veut allier et réduire à un titre moins élevé ;

Cette opération est excessivement simple et ne demande pour ainsi dire aucun calcul,

Exemple.

Supposons la matière au titre de 860 millièmes.
On veut la réduire au titre de... 750.

Différence.. 110.

Cette différence indique la quantité d'alliage qu'il faut ajouter sur une *quantité à déter-miner* de matières à 860, pour la réduire à 750 millièmes, et, pour déterminer cette quantité, l'on prend le poids décimal qui se rapporte à ce dernier titre, c'est-à-dire avec le titre que l'on veut obtenir, et on lui donne la même dénomination qu'à la différence ;

Ainsi, sur 750 grammes d'or ou d'argent à 860 millièmes, il faut 110 grammes d'alliage pour réduire le titre à 750 millièmes.

Autrement dit : sur 750 parties quelconques d'or ou d'argent à 860 millièmes, il faudra toujours 110 parties d'alliage pour avoir de la matière à 750 millièmes.

Deuxième exemple.

Titre supposé de la matière à allier : 990 millièmes.
Titre que l'on veut avoir......... 800.

Différence... ... 190.

Il faut donc 190 parties de cuivre ou d'alliage sur 800 parties d'argent à 990, pour obtenir de l'argent à 800 millièmes.

SECONDE RÈGLE.

Combien faut-il ajouter d'alliage à un poids *déterminé* d'or ou d'argent, à un titre supé-rieur, pour en réduire le titre au degré que l'on desire ?

1°. Multipliez le poids de la matière à allier par la différence de son titre, d'avec celui auquel on veut la réduire.

2°. Divisez le produit de la multiplication par ce dernier titre, le quotient sera la quan-tité d'alliage que vous cherchez.

Exemple.

On a 750 grammes d'or..... à 860 millièmes,
Que l'on veut réduire au titre de 750 millièmes ;

Différence : 110 millièmes.

Poids de la matière : ... 750 grammes, à multiplier
par la différence ci-dessus : 110

7500
750

Produit ... 82500 | à diviser par
par 750 millièmes, titre qu'on veut avoir. 750 | 750.

0 | 110 grammes.

Il faut donc 110 grammes d'alliage sur 750 grammes d'or au titre de 860 millièmes, pour le réduire à 750 millièmes.

Deuxième exemple.

On a 800 grammes d'argent à 990 millièmes, que l'on veut réduire à 800.

Poids de la matière à allier : . . . . . 800 grammes.

Différence de son titre au titre désiré : 190

$$
\begin{array}{r}
72000 \\
800 \\
\hline
\end{array}
$$

Produit : . . . . 152000 | 800

Divisez ce produit par le titre désiré : 7200 | 190 grammes.

000 |

Quotient.

AUTRE RÈGLE SUR LA MÊME QUESTION, ET QUI PEUT SERVIR DE PREUVE AUX DEUX PRÉCÉDENTES.

Combien faut-il ajouter d'alliage à un poids *déterminé* d'or ou d'argent à un titre supérieur, pour le réduire au degré que l'on désire ?

1°. Multipliez le poids de la matière par son titre,

2°. Divisez le produit par le titre que vous désirez avoir,

3°. Soustrayez du quotient le poids de la matière,

Le nombre restant sera la quantité d'alliage qu'il faut ajouter.

Exemple.

On a 750 grammes d'or à 860 millièmes que l'on veut réduire à . . . . 750.

Poids de la matière : 750

A multiplier par son titre : 860

$$
\begin{array}{r}
45000 \\
6000 \\
\hline
\end{array}
$$

Produit à diviser par le titre cherché : 64500 | 750

4500 | 860

00000 | Quotient.

Le quotient est ici 860, duquel il faut soustraire . . . . . 750 grammes.

Il reste . . . . . 110 grammes d'alliage à ajouter.

Ces deux dernières règles s'emploient lorsque les matières à allier sont déterminées,

Dans le cas contraire, on se sert de la première, à cause de son extrême simplicité.

TROISIÈME RÈGLE.

Les alliages qui offrent le plus de difficultés sont ceux dont l'objet est de déterminer dans quelle proportion on doit mélanger des matières à des titres supérieurs et inférieurs, pour les mettre au titre que l'on désire.

Voici une règle qui s'adresse, comme la première, aux personnes qui ne connaissent que fort peu les calculs ; il ne faut qu'un peu d'attention pour saisir son extrême utilité et sur-tout sa simplicité.

Supposons que l'on ait deux lingots d'or, n'importe de quel poids, l'un à un titre supérieur, et l'autre à un titre inférieur ; combien faudra-t-il ajouter de l'un à l'autre ? Autrement dit : dans quelle proportion faudra-t-il faire le mélange, pour avoir de l'or au titre que l'on desire ? par exemple, un lingot d'or au titre de 890 millièmes, et un lingot au titre de . . . . 730 , à mélanger pour obtenir de la matière à 750 millièmes.

On place, comme on le voit ci-après, les deux titres à mélanger au-dessus l'un de l'autre, et, plus loin, le titre que l'on desire ; on place ensuite devant le *titre supérieur* la différence qu'il y a du *titre inférieur* au titre desiré, et enfin on met devant le *titre inférieur* la différence du *titre supérieur* au titre desi.é. Ces différences sont les quantités qu'il faut ajouter d'un lingot à l'autre pour obtenir le titre que l'on veut avoir.

Exemple.

Différence du titre *inférieur* au titre desiré : 20.   Titres à mélanger : 890 , *supérieur.*
Titre desiré : 750 millièmes.
Différence du titre *supérieur* au titre desiré : 140.   730 , *inférieur.*

Ces différences ainsi placées indiquent, comme je viens de le dire plus haut, dans quelle proportion il convient de mélanger les deux lingots pour avoir de l'or à 750 millièmes.

Ainsi le nombre 20 placé devant 890
et 140   devant 730 indiquent qu'il faut 20 parties du titre supérieur sur 140 parties du titre inférieur pour obtenir le titre desiré qui est 750 millièmes.

Autrement dit : il faut 20 grammes d'or à 890 millièmes,
sur . . . . 140 grammes d'or à 730 millièmes pour avoir de l'or à 750.

Quelles que soient les dénominations que l'on donne aux quantités qui composeront le mélange des onces ou des marcs, des grammes ou des kilogrammes, il faudra toujours 20 parties du premier sur 140 du second.

La règle suivante, dont on se sert lorsque les *quantités* à allier sont déterminées, servira de preuve à celle-ci.

QUATRIEME RÈGLE.

Si l'on a deux lingots d'or d'un poids déterminé, et à des titres supérieurs ou inférieurs à celui que l'on desire, combien faut-il ajouter de l'un à la totalité de l'autre, pour obtenir ce dernier titre ?

1°. Déterminez la différence du titre de chacun des deux lingots d'avec le titre que vous desirez,

2°. Multipliez le poids de l'un de ces mêmes lingots par la différence de son titre au titre desiré,

3°. Divisez le produit de la multiplication par la différence du titre du second lingot d'avec le titre desiré,

Le quotient vous indiquera ce qu'il faut ajouter de l'un à l'autre pour avoir le titre voulu

On a 140 grammes d'or à 730 millièmes, dont on veut élever le titre à 750 avec de l'or à 890 ; combien faut-il en ajouter de ce dernier sur la totalité du premier ?

Titre du second lingot: 890.	Titre desiré : . . . . . 750 millièmes.
Titre desiré : . . . . . 750.	Titre du lingot à fondre: 730
Différence: . . . . . . 140.	Différence : 20

Multipliez cette différence par le poids de ce même lingot: 140 grammes.

Produit : . . . . 2800|140
0|20

Quotient.

Divisez ce produit par la différence du titre de l'autre lingot d'avec le titre desiré.

Il faut donc 20 grammes d'or à 890 millièmes, sur 140 grammes d'or à 730, pour obtenir de l'or à 750. On voit que le résultat est le même qu'à la règle précédente.

Deuxième exemple de la quatrième règle.

On a un lingot d'argent pesant 460 grammes, à 980 millièmes, dont on veut réduire le titre à 950.

On veut employer à cet effet un autre lingot, au titre de 830 millièmes ; combien faut-il ajouter de ce dernier à la totalité du premier, pour obtenir le titre desiré ?

Titre du lingot à fondre : . . . . 980 millièmes.		Titre du 2e lingot : 830
Titre desiré: 950		Titre desiré : . . . 950
Différence : 30		Différence : 120

A multiplier par le poids de ce même lingot : 460 grammes.

1800

120   Par

Produit: . . . . 13800 | 120 différence du tit. du 2e lingot.

180   115 grammes, quotient.

600

Le quotient indique qu'il faut 115 grammes d'argent à 830 millièmes, sur 460 grammes d'argent à 980, pour obtenir de ce même métal à 950 millièmes.

La règle ci-après sera faite sur les mêmes quantités et les mêmes titres pour servir de preuve à celle-ci.

CINQUIÈME RÈGLE.

Si l'on fond ensemble plusieurs lingots de différens poids et de différens titres, quel sera le titre du lingot total ?

1°. Multipliez le titre de chaque lingot par son poids,

2°. Additionnez les produits de la multiplication de chacun des lingots,

3°. Divisez le produit de l'addition par la totalité du poids des lingots,

Le quotient indiquera le titre du lingot total.

Exemple. Un lingot d'argent, pesant 460 grammes, au titre de 980 millièmes.

Un lingot *dito* , . . . pesant 115 grammes , au titre de 830 millièmes.

Premier lingot pesant 460 grammes, multiplié par . . . . . 980 millièmes.

Deuxième lingot pesant 115 grammes, au titre de . . . . . . 830 millièmes.

36800	3450
4140	920
450800	95450

Premier lingot, poids 460 $=$ Titre 980 $=$ Produit 450800
Deuxième lingot, poids 115 $=$ Titre 830 $=$ Produit 95450

Poids total . . . . . . 575 *diviseur.*   Total à diviser 546250 | 575
2865 | 950 millièmes.
00
Quotient.

Le titre des deux lingots ci-dessus, fondus ensemble, serait donc à 950 millièmes.

Deuxième exemple de la cinquième règle.

Quel sera le titre du lingot *total*, provenant de la fonte des lingots ci-après?

1°. 836 Grammes d'or ou d'argent, au titre de 990 millièmes.

2°. 540 Grammes à 830 millièmes.

3°. 460 Grammes à 820 millièmes, et 630 grammes à 880 millièmes.

1er lingot, poids 836 gr.   multiplié par son titre 990 mill. a produit 827640
2e. lingot, poids 540 gr.   multiplié par son titre 830 mill. a produit 442800
3e. lingot, poids 460 gr.   multiplié par son titre 820 mill. a produit 377200
4e. lingot, poids 630 gr.   multiplié par son titre 800 mill. a produit 556400

Poids total   2466 *diviseur.*   Total à diviser 2,209440 | 2466
23664 | 895 mill.
14700
2370 quotient.

Ici la fraction restante étant presque aussi forte que le diviseur, on en fait un entier, par conséquent un millième qui, ajouté au quotient, donne un total de 896 millièmes.

Ainsi donc les quatre lingots ci-dessus, fondus ensemble, produiraient un lingot total du poids de 2466 grammes, au titre de 896 millièmes.

La règle précédente serait infiniment moins compliquée, si le poids de chaque lingot était égal; il suffirait alors d'additionner les divers titres, et de diviser le produit par le nombre de lingots.

Exemple. On fond ensemble 1°. 500 grammes d'argent à 980 millièmes.

2°. 500 *dito* . . . . à 760
3°. 500 *dito* . . . . à 848
4°. 500 *dito* . . . . à 860

Nombre de lingots . . . . 4 *diviseur.*   Total à diviser 3450 | 4
25 | 862 ½,
10
2   Quotient

Le titre du lingot total serait à 862 millièmes et demi.

TABLES DE CONVERSION

Des anciens poids en nouveaux et des nouveaux poids en anciens.

ANCIENS POIDS EN NOUVEAUX.

	gram.	milligr.
1 grain.	»	53
2	»	106
3	»	159
4	»	212
5	»	266
6	»	319
7	»	372
8	»	425
9	»	478
10	»	531
20	1	62
30	1	593
40	2	125
50	2	656
60	3	187
70	3	718
1 gros.	3	824
2	7	649
3	11	473
4	15	297
5	19	121
6	22	946
7	26	770
1 once.	30	594
2	61	188
3	91	782
4	122	376
5	152	971
6	183	565
7	214	159
1 marc.	244	753
2	489	506
3	734	259
4	979	12
5	1223	765
6	1468	518
7	1713	270
8	1958	23
9	2202	776
10	2447	529
20	4895	58
30	7342	588
40	9790	117
50	12237	646
60	14685	175
70	17132	705
80	19580	234
90	22027	765
100	24475	292

NOUVEAUX POIDS EN ANCIENS.

	marcs.	onces.	gros.	grains.	100.ᵉ
1 gramme.	»	»	»	18	83
2	»	»	»	37	65
3	»	»	»	56	48
4	»	»	1	3	31
5	»	»	1	22	14
6	»	»	1	40	96
7	»	»	1	59	79
8	»	»	2	6	62
9	»	»	2	25	44
1 décagram.	»	»	2	44	27
2	»	»	5	16	54
3	»	»	7	60	81
4	»	1	2	33	09
5	»	1	5	5	36
6	»	1	7	49	63
7	»	2	2	21	90
8	»	2	4	66	17
9	»	2	7	38	44
1 hectogram.	»	3	2	10	72
2	»	6	4	21	43
3	1	1	6	32	15
4	1	5	»	42	86
5	2	»	2	53	58
6	2	3	4	64	29
7	2	6	7	3	01
8	3	2	1	13	72
9	3	5	3	24	44
1 kilogram.	4	»	5	35	15
2	8	1	2	70	30
3	12	2	»	33	45
4	16	2	5	68	60
5	20	3	3	31	75
6	24	4	»	66	90
7	28	4	6	30	05
8	32	5	3	65	20
9	36	6	1	28	35
10	40	6	6	63	50
20	81	5	5	55	»
30	122	4	4	46	50
40	163	3	3	38	»
50	204	2	2	29	50
60	245	1	1	21	»
70	286	»	»	12	50
80	326	6	7	4	»
90	367	5	5	67	50
100	408	4	4	59	»

TABLES DE CONVERSION.

DES MARCS, ONCES ET GROS EN GRAINS SEULEMENT.	
1 gros.	72 grains.
2	144
3	216
4	288
5	360
6	432
7	504
1 once	576
2	1152
3	1728
4	2304
5	2880
6	3456
7	4032
1 marc.	4608
2	9216
3	13824
4	18432
5	23040
6	27648
7	32256
8	36864
9	41472
10	46080
20	92160
30	138240
40	184320
50	230400
60	276480
70	322560
80	368640
90	414720
100	460800

DES GRAINS EN MARCS, ONCES ET GROS.				
	marcs.	onces.	gros.	grains.
1 grain.	»	»	»	1
2	»	»	»	2
3	»	»	»	3
4	»	»	»	4
5	»	»	»	5
6	»	»	»	6
7	»	»	»	7
8	»	»	»	8
9	»	»	»	9
10	»	»	»	10
20	»	»	»	20
30	»	»	»	30
40	»	»	»	40
50	»	»	»	50
60	»	»	»	60
70	»	»	»	70
80	»	»	1	8
90	»	»	1	18
100	»	»	1	28
200	»	»	2	56
300	»	»	4	12
400	»	»	5	40
500	»	»	6	68
600	»	1	»	24
700	»	1	1	52
800	»	1	3	8
900	»	1	4	56
1000	»	1	5	64
2000	»	3	3	56
3000	»	5	1	48
4000	»	6	7	40
5000	1	»	5	52
6000	1	2	3	24
7000	1	4	1	16
8000	1	5	7	8
9000	1	7	5	»
10000	2	1	2	64
20000	4	2	5	56
30000	6	4	»	48
40000	8	6	5	40
50000	10	6	6	52

TABLE DES MATIÈRES.